高等职业教育“十四五”规划教材

# 互联网
# 国际贸易实务

——陆 艳 李 伟 李 楠◎主编

中国铁道出版社有限公司
CHINA RAILWAY PUBLISHING HOUSE CO., LTD.

## 内容简介

本书包含外贸 B2B、外贸跟单、外贸 B2C、外贸 C2C 四个模块。其中,外贸 B2B 主要讲述外贸 B2B 的产品发布、进出口价格核算、成本控制、贸易磋商和合同签订;外贸跟单主要讲述外贸 B2B 的履约流程、国际货款结算、进出口业务单证制作;外贸 B2C 主要讲述大数据选品、跨境物流的选择、产品标题的设置、外贸 B2C 的产品定价、外贸 B2C 数据分析;外贸 C2C 主要讲述怎样认识和理解外贸 C2C 和移动外贸 C2C。

本书适合作为高等职业院校财经商贸类专业的教材,还可作为互联网国际贸易行业从业人员的参考用书。

**图书在版编目(CIP)数据**

互联网国际贸易实务/陆艳,李伟,李楠主编.—北京:中国铁道出版社有限公司,2021.8

高等职业教育"十四五"规划教材

ISBN 978-7-113-28202-8

Ⅰ.①互… Ⅱ.①陆…②李…③李… Ⅲ.①国际贸易-电子商务-高等职业教育-教材 Ⅳ.①F713.36

中国版本图书馆 CIP 数据核字(2021)第 151119 号

**书　　名:互联网国际贸易实务**
**作　　者:**陆　艳　李　伟　李　楠

**策　　划:**潘星泉　　**编辑部电话:**(010)51873090
**责任编辑:**潘星泉　包　宁
**封面设计:**高博越
**责任校对:**苗　丹
**责任印制:**樊启鹏

**出版发行:**中国铁道出版社有限公司(100054,北京市西城区右安门西街8号)
**网　　址:**http://www.tdpress.com/51eds/
**印　　刷:**三河市兴达印务有限公司
**版　　次:**2021年8月第1版　2021年8月第1次印刷
**开　　本:**710 mm×1 000 mm 1/16　**印张:**9.5　**字数:**174千
**书　　号:**ISBN 978-7-113-28202-8
**定　　价:**32.00元

# 前　言

在国际贸易产业升级、《2020年国际贸易术语解释通则》生效、取消进出口收付汇核销手续等贸易便利化的基础上，以服务"一带一路"倡议为核心，根据"互联网国际贸易实务"在工商企业专业人才培养方案中的地位和作用，同时对接国际贸易新形势下的职业岗位标准，吸收跨境电商、《2020年国际贸易术语解释通则》、大数据技术与应用等内容，我们编写了本书。

本书以理论够用、适度为原则，以任务为导向，以掌握概念、强化操作为重点，在突出基本理论、流程和方法的同时，注重实践性和实用性，引用生动的案例展开演示和实操，创设能力培养情境，代入岗位角色完成项目任务，每一部分教学内容蕴含思政元素，体现互联网思维。

本书由四个模块构成，分别是外贸B2B、外贸跟单、外贸B2C、外贸C2C。其中，外贸B2B模块包括外贸B2B的产品发布、进出口价格核算、成本控制、贸易磋商和合同签订；外贸跟单模块包括外贸B2B的履约流程、国际货款结算、进出口业务单证制作；外贸B2C模块包括大数据选品、跨境物流的选择、产品标题的设置、外贸B2C的产品定价、外贸B2C数据分析；外贸C2C包括认知外贸C2C、移动外贸C2C。

本书较传统教材增加了通过B2B、B2C、C2C跨境电子商务平台推广公司和产品，大数据选品，运费模板设置，数据可视化与分析，引流营销，客户服务，平台规则，物流采购，《2020年国际贸易术语解释通则》，通过大数据可视化进行商务数据分析等外贸业务新内容。

本书由陆艳、李伟、李楠任主编。其中,模块一、模块二由陆艳编写,模块三的任务一、四、五由李伟编写,模块三的任务二、三和模块四由李楠编写。对外经济贸易大学崔凡、王健教授,浙江大学葛赢教授,北京联合大学黄艳副教授,北京信息职业技术学院卢凤荣副教授等对本书的编写给予了指导和支持,在此表示真挚的谢意!

由于时间有限,加之编者能力水平的局限,书中难免存在不足之处,恳请广大读者指正建议,合力推进互联网+专业教材高质量发展。编者的电子邮箱:luyan@bjypc.edu.cn;微信:lybjypc;QQ:280467890。

凡选用本书作为教材的教师,均可登录中国铁道出版社有限公司官网www.tdpress.com/51eds/下载配套电子资源。

编　者

2021年5月

# 目　　录

# 模块一 外贸 B2B

## 任务一 发布外贸 B2B 的产品

### 一、走进跨境电商

#### （一）跨境电商及其分类

跨境电子商务（Cross-border Electronic Commerce）是指分属不同关境的交易主体，通过电子商务平台达成交易、进行支付结算，并通过跨境物流送达商品、完成交易的一种国际商业活动。我国跨境电子商务主要分为企业对企业（即 B2B）和企业对消费者（即 B2C）两种贸易模式。B2B 模式下，企业运用电子商务以广告和信息发布为主，成交和通关流程基本在线下完成，本质上仍属传统贸易，已纳入海关一般贸易统计。大多数 B2B 贸易订单的金额较大，线上全流程是未来的发展趋势。跨境电商 B2B 的代表企业主要有阿里巴巴国际站、敦煌网、中国制造、环球资源网等。B2C 模式下，我国企业直接面对国外消费者，以销售个人消费品为主，物流方面主要采用航空小包。B2C 的代表企业主要有全球速卖通、唯品会、eBay、亚马逊等。

#### （二）跨境电商平台模式

第三方平台是近期非常流行的模式，既非跨境电商的卖家，也非跨境电商的买家，专门做第三方跨境电商平台，并且联合第三方支付商、物流企业等，开展跨境电商运营。平台的盈利方式为收取交易佣金、收取入驻费（入驻费达到特定条件可返还）、网络营销费用等。买家和卖家可以通过第三方平台来实现不同国家或地区的网上交易。第三方跨境电商平台代表企业有速卖通、敦煌网、环球资源网、阿里巴巴国际站等。

第三方平台模式拥有一个比较稳定的网站平台，意味着拥有较为稳定的整体流量。同时,随着外贸综合服务企业和跨境电商供应链企业的增多,服务外包也意味着低成本。对于跨境电商的卖家来讲,使用第三方平台进行跨境电商的运营,相对于企业自建网站来说,成本要低很多。同时,还可以在资金允许的范围内进行跨境网络营销。有的营销方式不占用资金,比如速卖通直通车、联盟营销等,是按效果付费的,有成交额(或者点击量)才有成本。第三方平台的竞争比较激烈,因为同行业的卖家众多,都在抢夺行业流量。这样,实力有限或者营销不到位的卖家会出现流量过少的现象。很多企业也会在流量争夺上面花费不少的资金。相对于企业自建网站模式,第三方平台模式的流量订单转化率偏小。

企业自建平台是企业自己建立官方网站,在网站上销售自身企业的商品。比如联想、沃尔玛等。企业自建网站是企业依靠自身实力创建的平台。其优点是流量订单转化率较高。大部分买家是通过搜索相关关键词进入企业自建网站的,这种情况下的购买意向会比较高。无购买意向的买家,一般不会进入企业自建网站。但是,企业自建网站的整体流量不如第三方平台模式的多。企业自建网站需要花费大量资金,包括开发、维护、更新等。而且,一旦企业自建网站设计得不好、维护不到位或者更新不及时,就会影响该企业在消费者心中的形象。

外贸电子商务代运营服务商模式,是服务提供商不直接或间接参与任何电子商务的买卖过程,而是为从事跨境外贸电子商务的中小型企业提供不同的服务模块,如"市场研究模块""海外营销解决方案模块"等,如四海商舟(Bi-zArk)、锐意企创(Enterprising & Creative)等。服务提供商能够提供一站式电子商务解决方案,并能帮助外贸企业建立订制的个性化电子商务平台,盈利模式是专区企业支付的服务费用。当前,很多外贸电子商务企业选择借势第三方平台的同时,建设独立的自由外贸网站,利用第三方平台挖掘客户资源,然后把客户吸引到自己的外贸网站上,既有利于节约成本,又有利于企业的品牌建设。

### (三)跨境电商平台的选择

出口跨境电商企业会根据自身企业实力、资金限制等条件来选择不同类型的平台。

#### 1. 大型企业平台的选择

(1)根据企业市场定位,入驻第三方跨境电商平台。很多消费者购物的第一反应就是去一些市场份额较高的综合性第三方平台。第三方跨境电商平台本身具有巨大的流量,而且在如今跨境网络零售越来越火热的背景下,第三方跨境电商平台是企业做跨境电商运营时必选的一个途径。企业找好自己的定位,比如,如果市场定位俄罗斯是主要市场,那么速卖通就是必选平台;如果市场定位是欧美市场,那么 eBay、亚马逊可作为主要平台;如果市场定位于东南亚等地,那么可选择 Lazada 等网站;如果市场定位于非洲,那么可选择 Jumia 平台。第三方跨境电商平台的流量竞争会比较激烈,企业可有针对性地做一些营销活动,包括平台活动、店铺活动等。

(2)大力投入开发并维护企业自建网站,及时更新内容。企业自建网站的初期,流量是一个非常棘手的问题。此时,就要发挥第三方跨境电商平台的引流作用。有的消费者在第三方跨境平台上看到企业的产品后,会选择搜索企业的自建网站去了解详情。因此,企业自建网站的一部分流量来自第三方跨境电商平台。同时,企业自建网站本身也要加大建设维护力度,比如域名的选择、带宽的选择、页面的设计、客服与网站维护等。在企业自建网站条件较好时,可以去做网络营销,比如搜索引擎的推广与优化、社交媒体与视频的推广等。

**2. 中小企业平台的选择**

中小企业由于资金与实力限制,无过多资金投入在企业自建网站上。即使建设,也可能会因为后期资金不到位而导致维护跟不上、信息内容更新不及时等问题。所以,中小企业一般需要根据企业市场定位,入驻合适的第三方跨境电商平台。入驻第三方跨境电商平台的资金压力会相对较小一些,投入较大的是保证金(或者平台入驻费用)以及营销,成本相对于企业自建网站较低。中小企业如果能够在第三方跨境平台上打开市场,前景也是非常明朗的。

## 二、外贸 B2B 的产品发布

下面以阿里巴巴国际站产品发布为例,介绍外贸 B2B 的产品发布,包含基本信息、详细信息、交易信息、物流信息、特殊服务等。

### (一)产品的基本信息

**1. 产品标题**

产品标题是产品的主要信息,是买家搜索的第一匹配要素。标题的设置决定了买家是否能精准地搜索到相关的产品。换言之,同等产品信息质量的情况下,产品标题书写是否符合买家的搜索习惯,很大程度上决定了产品的排名。

标题的两大功能:曝光引流、精准转化。

好标题 = 营销词 + 修饰词 + 属性词 + 关键词。

设置产品标题的注意事项:

①标题符合买家搜索行为习惯及偏好;②标题中可使用介词 with/for,核心关键词置于 with/for 前面;③产品名称长度要适当(70 ~ 80 个字符最佳);④不要把多个关键

词在名称中重复累加;⑤慎用特殊符号(如需使用,请在符号前后加空格)。

**2. 产品关键词**

产品关键词即中心词,是对产品名称的校正,便于机器快速识别及准确抓取匹配。在产品上传页面,关键词包括一个必填项和两个选填项,发布产品时尽量填满三个关键词,既方便买家搜索,又能提高曝光率。

设置关键词的注意事项:

(1)建议选择买家常用的热门关键词,让买家快速搜索到产品;

(2)关键词不要太长或添加公司内部产品型号,以避免买家搜索热度不高;

(3)每个产品可设置三个关键词,权重不分先后,不建议设置三个完全一样的关键词;

(4)三个关键词要涵盖到标题当中,以增加买家搜索匹配度;

(5)关键词不区分大小写;

(6)买家喜好度上线后单复数会影响到排名。

关键词来源:

(1)搜索框关联;

(2)热搜词;

(3)关键词工具;

(4)词的来源;

(5)我的词;

(6)行业视角;

(7)询盘、访客营销、RFQ;

(8)Google 关键词。

操作流程:

(1)阿里巴巴国际站—我的阿里巴巴—数据管家—知买家—访客详情—常用搜索词;

(2)数据管家—知己—我的词—曝光量—点击量—点击率;

(3)数据管家—知行情—热门搜索词;

(4)数据管家—知行情—行业视角—淘词—热搜词—关键词查找行业—全球热搜词—国家热搜词—搜索上升最快的词;

(5)数据管家—行业视角—零少词/蓝海词;

(6)商机获取—RFQ 市场;

(7)数据管家—我的词—卖家竞争度信息;

(8)我的阿里巴巴—营销中心—外贸直通车—推广工具—行业词表—同行推荐词等。

**3. 产品分组**

产品分组是指把同类商品集合到一起,整合产品在店铺中的功能,产品可以分类成不同产品组展示在网页上面。店铺产品分组最好按照平台类目分,把产品放到正确的分组,会让买家更容易地查找到卖家店铺产品;会使产品线更加清晰,方便卖家管理。个性化的产品分组还方便卖家做营销。

产品分组的注意事项:

(1)尽量对产品分组,无分组的产品会导致系统在分组中增加一个额外的其他分组;

(2)促销产品的分组不宜过多,最好不超过三个;

(3)尽量用买家容易理解的专业信息进行分组;

(4)产品分组数量不宜太多。

**4. 产品属性**

产品属性是指买家关注度最高的产品特征或参数,体现出信息的完整度。

产品属性的作用:产品属性是对产品特征及参数进行标准化的提炼,便于买家在属性筛选时快速找到商品。

产品属性的填写要求:填全系统给出的所有属性,多维度展示产品。一个属性等于一个展示机会,填全属性可向买家更全面地描述产品信息。

注意事项:自定义属性可以根据自己的需求添加,不要与系统给出的属性重复。

### (二)产品的详细信息

**1. 产品图片**

图片是对产品的直观描述,产品图片是直观展示产品细节和特征的最好途径之一。

设置产品主图的注意事项:

(1)正方形饱满展示,以防图片被系统压缩影响美观;

(2)高清晰度,要求不低于640像素×640像素;

(3)突出产品特性,瞬间抓住客户购买点,从而将曝光率进一步转化成点击率;

(4)背景干净统一,背景一般以白色为主,突出产品;

(5)多图展示,从产品的不同角度和细节拍摄图片。

详情页的图片选择和总体要求:清晰、主题突出,美观、不用杂乱背景,专业、突出细节特征,专属。

细节图基本要求:强调细节和使用场景展示,图片风格保持一致,图片数量不超过15张。

**2. 产品视频**

买家可通过产品视频全方位、多角度地了解产品信息和应用场景等;卖家可通过产品视频展示企业实力和产品专业度。

设置产品视频的注意事项:

(1)一个产品视频可以最多被选用到20个产品上;

(2)登录后台,先将拍摄好的视频上传到视频银行,发布产品视频时,直接从视频银行选用视频,视频银行是方便卖家管理产品视频的存储空间,每个卖家会有1 GB的视频空间;

(3)视频上传提交后,预计24小时内平台会进行审核,审核通过后的产品视频会展示在产品主图位置。

**3. 产品详情描述**

产品详情描述是指对产品进行多维度的描述,是对产品和服务的全面、翔实的介绍,是全面展示专业度的重要途径。

产品详情描述要求:

(1)应包含规格参数、用途特征、质量标准、相关认证、服务等内容的详细描述。

(2)结构化。①将信息分段、标号,或者运用段落、表格等将内容有条理地展示,便于买家阅读;②利用不同字体、字号凸显重要信息。

(3)内容尽可能详尽。①详情描述要翔实具体,尽可能突出产品的细节特征和参数,同时介绍产品的质量标准和供货能力等;②利用图片更生动直观地展现产品,可以使用多角度图、细节图、包装设计图等。避免大段文字简单罗列,这会降低买家对产品的兴趣。

产品详情页设置:根据详情页制作的图片切割上传,可以添加表格适当说明产品属性,还可以添加文字描述等。

### (三)产品的交易信息

产品的交易信息主要包含价格、起订量、支付方式。

**1. 产品的价格**

设置产品价格可以采用一口价、FOB阶梯价格或单一FOB的区间价格。如果选择一口价,基本可以在线自主完成交易。FOB阶梯价格就是根据不同的销售数量设置不同的价格，最多可以设置四个区间价格。如果以单一 FOB 的区间价格来成交，买卖双方可以通过站内信、阿里旺旺等方式进行价格磋商。

2. 产品的起订量

设置产品的起订量时可以参考同行的起订量。搜索对应的产品关键词，查看首页排名中大部分同行的起订量，参考同行所设置的起订量来设置自己的产品起订量。

3. 产品的支付方式

企业多采用传统的电汇、信用证方式完成支付，也可以利用电商平台提供的金融服务完成支付。企业在选择结汇方式时需要考虑结汇的安全性和后续的出口退税业务。

（四）产品的物流信息

如果交易信息中选择一口价，则物流信息填写每件包裹的具体尺寸、毛重、包装方式，设置物流模板和发货期。如果不支持一口价交易，则物流信息填写具体的发货时间、发货港口、供货能力、包装方式等。

（五）特殊服务及其他

针对样品服务，如是否可以免费获取样品？索要样品的数量及价格各是多少？企业可根据产品特性选择是否提供样品服务。

# 任务二　选用国际贸易术语和核算进出口价格

## 子任务一　选用国际贸易术语

### 一、国际贸易术语及与其解释相关的国际贸易惯例

（一）国际贸易术语

国际贸易术语也称价格术语，是进出口业务人员必备的基础知识之一。国际贸易术语是用三个英文缩写字母来表示商品的价格构成、说明交易地点，以及确定买卖双方的责任、费用、风险划分等问题的专门用语。贸易术语可以简化交易磋商，明确买卖双方的责任和义务，划分买卖双方需要承担的风险款项，便利价格和成本的核算，有利于争议的解决。

（二）与国际贸易术语解释相关的国际贸易惯例

（1）《1936 年华沙 – 牛津规则》；

(2)《1941 年美国对外贸易定义修订本》;

(3)《国际贸易术语解释通则》(以下简称《通则》)。《通则》由国际商会(ICC)于1936 年起草,后经由多次修正发展至今,各个年份版本的《通则》如表 1-1 所示。当前已经更新至 2020 年版本,已于 2020 年 1 月 1 日生效施行。

**表 1-1 《国际贸易术语解释通则》渐进表**

| 序号 | 年份版本 | 解释术语 | 修订原因 |
|---|---|---|---|
| 1 | 1936 | FAS、FOB、C&F、CIF、Ex Ship 和 Ex Quay | — |
| 2 | 1953 | FAS、FOB、C&F、CIF、Ex Ship、Ex Quay、DCP、FOR 和 FOT | 铁路运输的兴起 |
| 3 | 1967 | FAS、FOB、C&F、CIF、Ex Ship、Ex Quay、DCP、FOR、FOT、DAF 和 DDP | 西欧与东欧国家和苏联,以及东欧国家与苏联之间盛行边境交货及进口国目的地交货的贸易实务 |
| 4 | 1976 | FAS、FOB、C&F、CIF、Ex Ship、Ex Quay、DCP、FOR、FOT、DAF、DDP 和 FOB Airport | 空运日益普遍 |
| 5 | 1980 | Ex works(Ex Factory、Ex Mill、Ex Plantation、Ex warehouse、etc)、FOR、FOT、FAS、FOB、C&F、CIF、Ex Ship、Ex Quay、DCP、DAF、DDP、FOB Airport、CPT、CIP 和 FRC | 随着集装箱货物运输的扩大和新的单证出现及集装箱运输方式的发展,多种运输方式的多式联运(multi-modal transport)应运而生。门至门(door-to-door)的交货方式已被世界各国广泛采用 |
| 6 | 1990 | E 组(发货术语):EXW;F 组(主运费未付术语):FCA、FAS、FOB;C 组(主运费已付术语):CFR、CIF、CPT、CIP;D 组(到货术语):DAF、DEQ、DES、DDU、DDP | 归一特定运输方式的贸易术语 |
| 7 | 2000 | E 组(发货术语):EXW;F 组(主运费未付术语):FCA、FAS、FOB;C 组(主运费已付术语):CFR、CIF、CPT、CIP;D 组(到货术语):DAF、DEQ、DES、DDU、DDP | 进一步澄清出口商和进口商关于海关清关的责任 |
| 8 | 2010 | 按照各术语适用的不同运输方式分为两组。第一组:适用于所有运输方式的七个术语:EXW、FCA、CPT、CIP、DAT、DAP、DDP;第二组:只适用于水上运输方式的术语:FAS、FOB、CFR、CIF | 更准确标明各方承担货物运输风险和费用 |
| 9 | 2020 | 按照各术语适用的不同运输方式分为两组。第一组:适用于所有运输方式的七个术语:EXW、FCA、CPT、CIP、DAP、DPU、DDP;第二组:只适用于水上运输方式的 FAS、FOB、CFR、CIF | 日益普遍的货物运输安全需求,不同货物及运输性质对保险承保范围的灵活性需求,及 FCA(货交承运人)规则下部分融资性销售情形中银行对装船提单的需求 |

《通则》在进出口业务中得到广泛应用。它详细规定了每个国际贸易术语项下进出口双方的风险、责任和费用。贸易双方在进行合同磋商时选择某个术语，依照此解释就可以清楚地知道双方各自应当承担的责任、负担的费用及风险。随着运输与通信技术的发展，国际货物运输大部分由第三方承运人完成。但近年来，卖方或者买方使用自己的运输工具运输货物的情形变得越来越常见，尤其是一些大的跨国公司多样化经营后开始有自己的运输和物流公司。在使用过程中容易发生歧义，国际贸易方方面面的变化，需及时在新版本《通则》中做出相应更新。

从性质上看，国际贸易惯例中的《通则》是商业惯例而不是法律，不具有普遍的法律约束力，但在贸易合同中一经选用、确认后，即对买卖双方均具有法律约束力。在《2020 年国际贸易术语解释通则》（以下简称《2020 通则》）已经生效的情况下，只要买卖双方在合同中明确指出“合同中的贸易术语遵循 2020 通则”，那么就在《2020 通则》的条件下进行交易。在采取运营式合同的交易中，所订立的一般交易条款协议（general agreement on business conditions）中的贸易术语一项通常被描述为“the trade terms under this contract shall be governed and interpreted by the last incoterms”，在这种情况下《2020 通则》会自动适用。

## 二、国际贸易术语的解释

国际贸易的过程：货物从卖方仓库，经过运输，最终到达买方仓库。在这一过程中，不同的国际贸易术语规定的风险、责任和费用划分点均不相同。接下来逐一介绍常用的贸易术语。为了方便记忆，将其分为三组。

### （一）仅适用于水运的三种常用国际贸易术语

#### 1.装运港船上交货

装运港船上交货，也称船上交货、离岸价，全称 Free on Board，简称 FOB。FOB 是指卖方在指定装运港将货物装上买方指定的船舶，货物灭失或损坏的风险在货物交到船上时转移，同时买方承担自那时起的一切费用。术语后面标注装运港名称，例如：中国出口 FOB Shanghai，中国进口 FOB London。从术语字面上看，卖方仅负责货物成本，买方负责运费和保险。

具体而言，双方责任与义务列示如下：

（1）FOB 卖方义务：①装船，通知买方；②办理出口清关手续；③负责货物在装运港交至船上为止的一切费用（工厂仓库至装运港的船甲板期间的运输、装卸费等）和风险；④提交单据（商业发票、装箱单、原产地证明、有害物质清单等）。

（2）FOB 买方义务：①付款；②办理进口清关手续；③在装运港船上接货后的一切

费用(运费、保险费、进口国的关税等)和风险(货物灭失被盗、限制进口等);④收取货物和单据。

使用 FOB 时的注意事项如下。①“装运港船上”为交货点和风险划分点。卖方将风险转移给买方的前提:货物已被特定化(刷唛)到合同项下。如果买方原因导致卖方无法按时交货(买方派船延迟),只要货物被特定化,风险转移时间可以提前。②租船订舱:买方承担。如果买方要求,卖方可代替投保,费用、风险仍由买方承担;如果卖方不同意代为投保,应立即通知买方。③船货衔接:如发生船等货、货等船现象,责任方承担损失。

**2.成本加运费**

成本加运费,全称 Cost and Freight,简称 CFR。术语后面标注目的港名称,如中国出口 CFR London、中国进口 CFR Shanghai。卖方负责货物的成本和运费,买方负责保险。

具体而言,双方责任与义务列示如下:

(1)CFR 卖方义务:①装船,通知买方;②办理出口清关手续;③负责货物在装运港交至船上为止的一切费用(工厂仓库至采购方目的港码头的运输费用等)和风险;④提交单据(商业发票、装箱单、提单、原产地证明、有害物质清单等)。

(2)CFR 买方义务:①付款;②办理进口清关手续;③在装运港船上接货后的一切费用(部分运费、保险费等)和风险(货物灭失被盗、限制进口等);④收取货物和单据。

使用 CFR 时的注意事项如下。①租船订舱。卖方只需按照惯常条件租船或订舱(常规航线、常规类型轮船);买方无权限制船舶的类型、国籍、船龄、船只和船公司。实际业务中,买方提出以上要求,如不产生额外运费,卖方可以接受。②卖方及时发装船通知,买方购买保险;如卖方不及时通知而导致漏保,卖方承担责任。③风险转移点(船上)和费用转移点(目的港)分离。

**3.成本加保险费加运费**

成本加保险费加运费,又称成本加运保费到岸价,全称 Cost,Insurance and Freight,简称 CIF。术语后标注目的港名称,如中国出口 CIF London,中国进口 CIF Shanghai。卖方负责货物的成本、运费和保险。具体而言,双方责任与义务列示如下:

(1)CIF 卖方义务:①装船,通知买方;②办理出口清关手续;③负责在目的港交货为止的保险费、运费和装运港船上交货为止的一切风险;④提交单据(商业发票、装箱单、提单、保险单、原产地证明、有害物质清单等)。

(2)CIF 买方义务:①付款;②办理进口清关手续;③在目的港接货后的一切费用(部分运费和部分保险费等)和风险(货物灭失被盗、限制进口等);④收取货物和单据。

使用 CIF 时的注意事项:①风险转移点和费用转移点不在一处,分别位于装运港和目的港；②因属“装运合同”，卖方无须保证到货，如货物中途遇险，买方向保险公司索赔；③卖方只需投保最低险别，如平安险、《协会货物保险条款》ICC(C)险，但当事人可以协商选择更高级别承保范围的险种。

## （二）适用于任何运输方式的三种常用国际贸易术语

### 1.货交承运人

货交承运人，全称 Free Carrier，简称 FCA。FCA 是由买方与其选择的承运人订立运输合同，卖方按照买方指示的时间、地点和方式将货物交给其指定的承运人，承运人收货后即完成交货。术语后接出口国所在地名称，如中国出口 FCA XIAN，中国进口 FCA KYOTO。这一术语可以适用于任何运输方式，也包括海运。和 FOB 类似，卖方仅负责货物成本。

注意事项如下。①交货地点：若为卖方所在地，卖方负责装货到买方安排承运人的运输工具上；若为其他地点，卖方只需将货物交给承运人，在自己的运输工具上完成交货义务，无须卸货。②风险转移点：货交承运人。风险提前转移的前提：货物已被特定化到合同项下。如买方迟迟不指定承运人，只要货物被特定化，风险转移时间可提前。

使用 FCA 术语与 FOB 术语相比较有以下几个明显的好处。①卖方风险可以提前转移给买方（使用 FCA 术语货物交给承运人后风险就转移；而使用 FOB 术语货物装上船风险才能转移）。②买方购买的货物运输保险可以提早覆盖（使用 FOB 术语买方购买运输保险，实际责任起讫范围是装船后到进入收货人仓库；使用 FCA 术语同样是买方购买运输保险，实际责任起讫范围是货交承运人后到进入收货人仓库），也就是从货交承运人到实际装船的这一段时间也覆盖进去了。

### 2.运费付至

运费付至，全称 Carriage Paid to，简称 CPT。术语后面接目的地名称。卖方负责货物成本、订立运输合同。风险转移点（货交承运人）与费用转移点（目的地）分离。

### 3.运费及保险费付至

运费及保险费付至，全称 Carriage and Insurance Paid to，简称 CIP。术语后面接指定目的地。卖方除负有与运费付至术语相同的义务外，还须办理货物在运输途中应由买方承担的货物灭失或损坏风险的货运保险并支付保险费。

CFR、CIF 与 CPT、CIP 之间的区别在于交付地点不同：CFR、CIF 的交付地点在卖方所在地的装运港，CPT、CIP 的交付地点在买方所在地的目的港。另外，CFR、CIF 的交付地点与船相关，因此仅适用于海、河的水路运输方式，CPT、CIP 则适用于任何运输方式。

### (三)其他国际贸易术语

**1.工厂交货**

工厂交货,全称Ex Works,简称EXW。由卖方在其工厂所在地或其他指定地点(如工场、工厂、矿山或仓库等),准备好货物并交付给买方;买方承担货物交付后起至买方工厂所在地期间的所有费用和风险(如货物灭失被盗、限制出口或进口等)。如中国出口EXW Dongguan。这是唯一由买方办理出口清关手续的术语,买方承担的风险、责任、费用最大。当买方不能直接办理出口清关手续时,应避免使用EXW,而是使用FCA。

**2.装运港船边交货**

装运港船边交货,也称船边交货,全称Free Alongside Ship,简称FAS。后接装运港名称。买方所派船只无法靠岸时,卖方需用驳船将货物运到卖方指定船只的船边,驳船费用由卖方负责。

**3.目的地交货**

目的地交货,全称Delivered at Place,简称DAP。后接目的地。卖方不负责卸货,允许卖方使用自己的运输工具,将货物运至指定的目的地完成交货。

**4.卸货地交货**

卸货地交货,全称Delivered at Place Unloaded,简称DPU。DPU指卖方在指定目的地将货物从运输工具上卸下,交由买方处置即完成交货,风险转移给买方。允许卖方使用自己的运输工具,负责卸货。卸货地可以在码头、车站、集装箱堆场等任何地点。

**5.完税后交货**

完税后交货,全称Delivered Duty Paid,简称DDP。卖方将货物运到合同规定目的地,并完成进口清关。后接进口国所在地名,如DDP BEIJING。允许卖方使用自己的运输工具,在运输工具上交付货物,不负责卸货。这是唯一由卖方负责进口清关手续的术语,卖方承担的风险、责任、费用最大。如卖方无法办理进口清关手续,应使用DAP、DPU。

## 三、国际贸易术语的选用

国际贸易中,买卖双方可根据适宜的运输方式、意愿承担的费用与风险等因素,来选定国际贸易术语。仅适用于水运的三种常用国际贸易术语,其价格构成、费用与风险的分属如表1-2所示。

表 1-2　FOB、CFR、CIF 的价格构成、费用与风险的分属

| 术　语 | 价格构成 | 运费支付 | 保险费支付 | 费用点与风险点关系 |
|---|---|---|---|---|
| FOB + 装运港 | FOB | 买方 | 买方 | 一致 |
| CFR + 目的港 | FOB + Freight | 卖方 | 买方 | 分离 |
| CIF + 目的港 | FOB + Freight + Insurance | 卖方 | 卖方 | 分离 |

适用于一切运输方式的三种常用国际贸易术语，其价格构成、费用与风险的分属如表 1-3 所示。

表 1-3　FCA、CPT、CIP 的价格构成、费用与风险的分属

| 术　语 | 价格构成 | 运费支付 | 保险费支付 | 费用点与风险点关系 |
|---|---|---|---|---|
| FCA + 装运地 | FCA | 买方 | 买方 | 一致 |
| CPT + 目的地 | FCA + Carriage | 卖方 | 买方 | 分离 |
| CIP + 目的地 | FCA + Carriage + Insurance | 卖方 | 卖方 | 分离 |

贸易术语发起于国际贸易，但部分条款（如 EXW、DDP）同样适用于国内贸易。贸易术语必须后缀具体的地点或港口名称才是完整的，如 EXW DONGGUAN、CIF HONGKONG、DDP BEIJING 等。

国际贸易惯例在适用的时间效力上并不存在“新法取代旧法”的说法，即《2020 通则》实施之后并非《2010 通则》就自动废止，旧版本并不失效，新老版本都有效，当事人在订立贸易合同时仍然可以选择适用《2010 通则》等。

## 子任务二　核算进出口价格

对于对外贸易来说，做好成本核算以及出口报价，是一件非常重要的事情，因为它同时关系到出口商和采购商的利益。但是，外贸业务员刚开始接手外贸业务时，常常在成本核算、出口退税、出口报价等关联性的外贸基础上感到力不从心。然而，作为一个外贸业务员，这些基础性的外贸知识必须了然于胸，这也是做好业务的前提。试想，一个连价格都不会核算的业务员，如何拿下订单并为公司盈利呢？下面介绍成本核算出口报价方面的外贸知识与实例。

### 一、成本、费用与利润

#### （一）成本

核算成本时，将采购成本中所包含的税收扣减掉其相应的出口退税，就是实际的

采购成本。

计算公式如下：

实际成本 = 购货成本 - 出口退税额

其中 购货成本 = 购货净价(不含税) + 增值税 = 购货净价 × (1 + 增值税率)

即 购货净价 = 购货成本/(1 + 增值税率)

出口退税额 = 购货净价 × 出口退税率

因此， 出口退税额 = [购货成本/(1 + 增值税率)] × 出口退税率

而

实际购货成本 = 购货成本 - 出口退税额

即 实际购货成本 = 购货成本 - [购货成本/(1 + 增值税率)] × 出口退税率

也即 实际购货成本 = 购货成本 × (1 + 增值税率 - 出口退税率)/(1 + 增值税率)

### (二)费用

报价中的费用主要是指产品在确定出口至抵达客户时所产生的费用，一般分为国内费用和国外费用两部分。

#### 1.国内费用

国内费用一般包括以下10种。

(1)包装费：一般包含于采购成本之中，但如果外商对于出口货物的包装方式有特殊要求，那么产生的这部分费用应计算为附加的包装费。

(2)仓储费：指出口货物发运之前，如需另外存仓或特殊存仓而产生的仓储费用。

(3)国内运输费：指货物在船公司装卸前所产生的内陆运输费用，一般包括卡车运输费、内河运输费、路桥费、过境费、装卸费等。

(4)认证费：指出口商为货物出口而办理出口许可证、配额、产地证明及其他证明所花费的费用。

(5)港区港杂费：指出口货物装运前在港口码头所需支付的各种费用。

(6)商检费：指出口商为出口货物进行商检所发生的费用。

(7)捐税：指货物出口前所缴纳的出口关税、增值税等。

(8)垫款利息：指出口商自境内采购直至收到境外进口商付款期间因产生或购买出口商品垫付资金所产生的利息。

(9)业务费用：指出口商在货物出口各个环节中所发生的有关费用，如通信费、交通费、交际费等。

(10)银行费用：指出口商委托银行向外商收取货款或进行资信调查等业务所支出

的费用。

**2.国外费用**

国外费用一般包括出口运费、保险费、佣金等。

出口运费 = 基本运费 + 附加费

运费单位(Freight Unit)是指船公司用以计算运费的基本单位。由于货物种类繁多,打包情况不同,因此装运方式有别,计算运费标准不一。

(1)整箱装:以集装箱为运费的单位,主要有 20 ft 集装箱与 40 ft 集装箱两种。20 ft 集装箱的有效容积为 25 CBM,限重 17.5 TNE;40 ft 集装箱的有效容积为 55 CBM,限重 26 TNE,其中1 TNE = 1 000 KGS。

(2)拼箱装:由船方以能收取较高运价为准,运价表上常注记 M/W 或 R/T,表示船公司将就货品的重量吨或体积吨二者中择其运费较高者计算。拼箱装时计算运费的单位为:

①重量吨(Weight Ton):按货物总毛重,以一公吨(1 TNE = 1 000 KGM)为一个运费吨。

②体积吨(Measurement Ton):按货物总毛体积,以一立方公尺(1 Cubic Meter,简称 1 MTQ 或 1 CBM 或 1 CUM,又称一体积吨)为一个运费吨。

在核算出口运费时,出口商首先要根据报价数量算出产品体积,然后查找到对应该批货物目的港的运价。如果报价数量正好够装整箱(20 ft 集装箱或 40 ft 集装箱),则直接取其运价为基本运费;如果不够装整箱,则用产品总体积(或总重量,取运费较多者) × 拼箱的价格来计算出口运费。

(1)整箱装:整箱运费分三部分,总运费等于三部分费用的加和。

基本运费 = 单位基本运费 × 整箱数

港口附加费 = 单位港口附加费 × 整箱数

燃油附加费 = 单位燃油附加费 × 整箱数

(2)拼箱装:拼箱运费只有基本运费,按体积与重量计算后,取其中较高者取重量吨与体积吨中较高者为运费单位,总运费等于运费单位与运价的乘积。

如体积吨 > 重量吨,按体积计算总运费:总运费 = 单位基本运费(MTQ) × 总体积

如重量吨 > 体积吨,按重量计算总运费:总运费 = 单位基本运费(TNE) × 总毛重

如果双方约定了采用 CIF 贸易术语,则应将保险费也计入报价之中。根据国际惯例,保险加成率通常为 10%,如果客户有特殊要求,也可以依据客户的要求与保险公司约定其他保险加成率。

保险金额 = CIF 价格 × (1 + 保险加成率)

保险费 = 保险金额 × 保险费率

含佣价 = 净价 + 佣金额

（三）利润

预期利润一般依据出口货物的市场需求或企业的价格策略来定。一般以百分比乘以出口成本或出口报价来计算。

## 二、三种贸易术语及其含佣价间的换算公式

（一）以 FOB 价换算为其他价格

CFR = FOB + F

CFRC = (FOB + F)/(1 − 佣金率)

CIF = FOB + F/(1 − 保险费率 × 投保加成)　（投保加成 = 1 + 投保加成率）

CIFC = (FOB + F)/(1 − 保险费率 × 投保加成 − 佣金率)

（二）以 CFR 价换算为其他价格

FOB = CFR − F

CFRC = CFR/(1 − 佣金率)

CIF = CFR/(1 − 保险费率 × 投保加成)

CIFC = CFR/(1 − 保险费率 × 投保加成 − 佣金率)

（三）以 CFRC 价换算为其他价格

FOB = CFRC × (1 − 佣金率) − F

CFR = CFRC × (1 − 佣金率)

CIF = CFRC × (1 − 佣金率)/(1 − 保险费率 × 投保加成)

CIFC = CFRC × (1 − 佣金率)/(1 − 保险费率 × 投保加成 − 佣金率)

（四）以 CIF 价换算为其他价格

FOB = CIF × (1 − 保险费率 × 投保加成) − F

CFR = CIF × (1 − 保险费率 × 投保加成)

CFRC = CIF × (1 − 保险费率 × 投保加成)/(1 − 佣金率)

（五）以 CIFC 价换算成其他价格

FOB = CIFC × (1 − 保险费率 × 投保加成 − 佣金率) − F

CFR = CIFC × (1 − 保险费率 × 投保加成 − 佣金率)

CFRC = CIFC × (1 − 保险费率 × 投保加成 − 佣金率)/(1 − 佣金率)

## 三、核算出口报价

### （一）核算报价数量

在国际货物运输中，经常使用的是 20 ft 和 40 ft 集装箱，20 ft 集装箱的有效容积为 25 $m^3$，40 ft 集装箱的有效容积为 55 $m^3$。出口商在做报价核算时，建议按照集装箱可容纳的最大包装数量来计算报价数量，以节省海运费。根据产品的体积、包装单位、销售单位、规格描述来计算报价数量。

**例 1：**商品 03001（填充的毛绒动物玩具）的包装单位是 CARTON（箱），销售单位是 PC（只），规格描述是每箱装 60 只，每箱体积为 0.164 $m^3$，试分别计算该商品用 20 ft、40 ft 集装箱运输出口时的最大包装数量和报价数量。

**解：**

每 20 ft 集装箱：

$$\text{包装数量} = 25 \div 0.164 = 152.439（箱）$$

取整 152 箱。

$$\text{报价数量} = 152 \times 60 = 9\ 120（只）$$

每 40 ft 集装箱：

$$\text{包装数量} = 55 \div 0.164 = 335.365（箱）$$

取整 335 箱。

$$\text{报价数量} = 335 \times 60 = 20\ 100（只）$$

**例 2：**商品 01006（蓝莓罐头）的包装单位是 CARTON（箱），销售单位是 CARTON（箱），每箱体积为 0.009 5 $m^3$，试分别计算该商品用 20 ft、40 ft 集装箱运输出口时的最大包装数量和报价数量。

**解：**

每 20 ft 集装箱：

$$\text{包装数量} = 25 \div 0.009\ 5 = 2\ 631.578（箱）$$

取整 2 631 箱。

$$\text{报价数量} = 2\ 631\ 箱$$

每 40 ft 集装箱：

$$\text{包装数量} = 55 \div 0.009\ 5 = 5\ 789.473（箱）$$

取整 5 789 箱。

$$\text{报价数量} = 5\ 789\ 箱$$

**注意：**由于该商品的包装单位和销售单位相同，故此例的报价数量 = 包装数量。

### (二)核算采购成本

通过邮件和供应商联络,询问采购价格,核算成本。

**例3:**商品03001(填充的毛绒动物玩具),供应商报价为每只填充的毛绒动物玩具三色戴帽熊6元人民币,求采购9 120只三色戴帽熊的成本。

**解:**采购成本 $=6\times9\ 120=54\ 720$(元人民币)。

### (三)核算出口退税收入

查询产品的“海关编码”,可知其增值税率和出口退税率。

**例4:**查到商品03001(填充的毛绒动物玩具)的海关编码是95034100,可查出该商品增值税率为17%,出口退税率为15%。已从供应商处得知供货价为每只填充的毛绒动物玩具三色戴帽熊6元人民币(含增值税17%),试算9 120只三色戴帽熊的出口退税收入。

**解:**退税收入 = 采购成本 ÷ (1 + 增值税率) × 出口退税率

$=6\times9\ 120\div(1+17\%)\times15\%$

$=7\ 015.38$(元人民币)

### (四)核算国内费用

国内费用包括:内陆运费、报检费、报关费、核销费、公司综合业务费、快递费。已知内陆运费为每立方米100元,报检费120元,报关费150元,核销费100元。公司综合业务费3 000元,DHL费100元。其中,内陆运费 = 出口货物的总体积 × 100,总体积 = 报价数量 ÷ 每箱包装数量 × 每箱体积

**例5:**商品03001的描述为“每箱5打,每打12个”表示每箱可装60个,每箱体积0.164 $m^3$,求报价数量为9 120只的内陆运费是多少?

**解:**总体积 = 报价数量 ÷ 每箱容量 × 每箱体积 $=9\ 120\div60\times0.164=24.928\ m^3$

内陆运费 = 总体积 × 单位内陆运费 $=24.928\times100=2\ 492.8$(元)

### (五)核算出口运费

出口交易中,采用CFR、CIF贸易术语成交的条件下,出口商需核算出口运费。在出口交易中,集装箱类型的选用、货物的装箱方法对于出口商减少运费开支起着很大的作用。货物外包装箱的尺码、重量,货物在集装箱内的配装、排放以及堆叠都有一定的讲究,需要在实践中摸索。根据货物的体积来计算运费。

我们以一个理论算法来规定20 ft和40 ft集装箱装箱数量的计算。在核算出口运费时,出口商首先要根据报价数量计算出产品体积,与货运代理核实该批货物目的港

的运价。如果报价数量正好够装整箱(20 ft 或 40 ft),则直接取其运价为出口运费;如果不够装整箱,则用“产品总体积 × 拼箱的价格”来计算出口运费。由于运价以美元显示,在核算完出口运费后,应根据当天汇率换算成元人民币。

**例 6:**商品 03001 三色戴帽熊要出口到加拿大,目的港是蒙特利尔港口。试分别计算报价数量为 5 000 件和 9 120 件的出口运费。

**解:**

第 1 步:计算产品体积。

已知商品 03001 的体积是每箱 0.164 $m^3$,每箱装 60 只。

报价数量为 5 000 件,总体积 = 5 000 ÷ 60 × 0.164 = 13.66($m^3$)。

报价数量为 9 120 件,总体积 = 9 120 ÷ 60 × 0.164 = 24.928($m^3$)。

第 2 步:查运价,算运费。

与货运代理核实运费,运至加拿大蒙特利尔港的出口运价分别是:每 20 ft 集装箱 USD1350,每 40 ft 集装箱 USD2430,拼箱每立方米 USD65。

根据第 1 步计算出的体积结果,5 000 件的运费宜采用拼箱,9 120 件的运费宜采用 20 ft 集装箱。

报价数量为 5 000 件,出口运费 = 13.66 × 65 = 887.9(美元)。

报价数量为 9 120 件,出口运费 = 1 × 1 350 = 1 350(美元)。

第 3 步:换算成人民币元。

查询银行当日汇率,设美元的汇率为 6.6 元人民币兑换 1 美元。

报价数量为 5 000 件,出口运费(人民币) = 887.9 × 6.6 = 5 860.14(元人民币)

报价数量为 9 120 件,出口运费(人民币) = 1 350 × 6.6 = 8 910(元人民币)

### (六)核算保险费

出口交易中,在以 CIF 术语成交的情况下,出口商需要向保险公司查询保险费率,用以核算保险费。

**例 7:**商品 03001 的 CIF 价格为 USD8 937.6,进口商要求按成交价格的 110% 投保一切险(保险费率 0.8%)和战争险(保险费率 0.08%),试计算出口商应付给保险公司的保险费用。

**解:**保险金额 = CIF 价格 × 保险加成 = 8 937.6 × 110% = 9 831.36(美元)

保险费 = 保险金额 × 保险费率 = 9 831.36 × (0.8% + 0.08%) = 86.52(美元)

查人民币对美元汇率,设为 6.6:1,换算为人民币为 86.52 × 6.6 = 571.032(元人民币)

**提示**:在我国出口业务中,CFR和CIF是两种常用的术语。鉴于保险费是按CIF货价为基础的保险额计算的,两种术语价格应按下述方式换算。

由CIF换算成CFR价:CFR = CIF ×[1 -(1 + 保险加成率)× 保险费率]。

由CFR换算成CIF价:CIF = CFR ÷[1 -(1 + 保险加成率)× 保险费率]。

(七)核算银行费用

银行费用 = 报价总金额 × 银行费率

不同的结汇方式,银行收取的费用也不同。银行费率可向相关办理银行查询。

**例8**:报价总金额为USD8 846.4时,分别计算L/C、D/P、D/A、T/T的银行费用。

**解**:

第1步:查询费率。

在主页"费用查询"中查得L/C费率为1%,D/A费率为0.15%,D/P费率为0.17%,T/T费率为0.1%。

第2步:查询汇率。

当日汇率:美元的汇率为6.6元人民币兑换1美元。

第3步:计算银行费用。

L/C银行费用 = 8 846.4 × 1% × 6.6 = 583.862 4(元人民币)

D/P银行费用 = 8 846.4 × 0.17% × 6.6 = 99.256 6(元人民币)

D/A银行费用 = 8 846.4 × 0.15% × 6.6 = 87.579 4(元人民币)

T/T银行费用 = 8 846.4 × 0.1% × 6.6 = 58.386 2(元人民币)

(八)核算利润

利润 = 报价金额 - 采购成本 - 各项费用 + 退税收入

**例9**:商品03001,增值税率为17%,退税率为15%,体积每箱0.012 $m^3$。报价数量为9 120件,FOB报价金额为每只1.0美元,采购成本为每只6元人民币,报检费为120元人民币,报关费为150元人民币,内陆运费为2 492.8元人民币,核销费为100元人民币;银行费用为601.92元人民币;公司综合业务费为3 000元人民币,外币汇率为6.6元人民币兑1美元。试计算该笔FOB报价的利润额。

**解**:报价金额 = 1.0 × 9 120 × 6.6 = 60 192(元人民币)

采购成本 = 6 × 9 120 = 54 720(元人民币)

各项费用 = 120 + 150 + 2 492.8 + 100 + 601.92 + 3 000 = 6 464.72(元人民币)

退税收入 = 54 720 ÷(1 + 17%)× 15% = 7 015.38(元人民币)

利润 = 60 192 - 54 720 - 6 464.72 + 7 015.38 = 6 022.66(元人民币)

## （九）FOB、CFR、CIF 的外币报价核算

**例 10：**根据报价资料，核算 FOB、CFR、CIF 外币报价。

报价资料：

商品名称：03001（填充的毛绒动物玩具）。

商品资料：每箱装 2 件，每箱体积 0.5 $m^3$。

供货价格：每件 1 500 元人民币。

税率：供货单价中均包括 17% 的增值税，出口毛绒玩具的退税率为 15%。

国内费用：内陆运费（每立方米）100 元人民币；报检费 120 元人民币；报关费 150 元人民币；核销费 100 元人民币；公司综合费用 3 000 元人民币。

银行费用：报价的 1%（L/C 银行手续费 1%）。

海运费：从上海至加拿大蒙特利尔港口一个 20 ft 集装箱的费用为 1 350 美元。

货运保险：CIF 成交金额的基础上加 10% 投保中国人民保险公司海运货物保险条款中的一切险（费率 0.8%）和战争险（费率 0.08%）。

报价利润：报价的 10%。

报价汇率：6.6 元人民币兑换 1 美元。

**解：**

成本：

含税成本 = 6 元人民币/只

退税收入 = 6 ÷ (1 + 17%) × 15% = 0.769 2（元人民币/只）

实际成本 = 6 − 0.769 2 = 5.230 8（元人民币/只）

20 ft 集装箱包装件数 = 25 ÷ 0.164 = 152（箱）

报价数量 = 152 × 60 = 9 120（只）

费用：

国内费用 = (9 120 ÷ 60 × 0.164 × 100 + 120 + 150 + 100 + 3 000) ÷ 9 120
　　　　 = 0.642 9（元人民币/只）

银行费用 = 报价 × 1%

海运费 = 1 350 × 8.25 ÷ 9 120 = 1.221 2（元人民币/只）

保险费 = CIF 报价 × 110% × 0.88%

利润：

报价 × 10%

FOB 报价 = 实际成本 + 国内费用 + 银行手续费 + 利润

$=5.2308+0.6429+$ 报价 $\times 1\%+$ 报价 $\times 10\%$

$=(5.2308+0.6429)\div(1-1\%-10\%)$

$=5.8737\div 0.89\div 6.6$

$=0.9999$（美元/只）

CFR 报价 = 实际成本 + 国内费用 + 海运费 + 银行手续费 + 利润

$=5.2308+0.6429+1.2212+$ 报价 $\times 1\%+$ 报价 $\times 10\%$

$=(5.2308+0.6429+1.2212)\div(1-1\%-10\%)$

$=7.0949\div 0.89\div 6.6$

$=1.2078$（美元/只）

CIF 报价 = 实际成本 + 国内费用 + 海运费 + 保险费 + 银行手续费 + 利润

$=5.2308+0.6429+1.2212+$ 报价 $\times 110\%\times 0.88\%+$ 报价 $\times 1\%+$ 报价 $\times 10\%$

$=(5.2308+0.6429+1.2212)\div(1-110\%\times 0.88\%-1\%-10\%)$

$=7.0949\div 0.88032\div 6.6$

$=1.2211$（美元/只）

由以上报价不难看出，出口报价核算并不深奥，其中的关键是掌握各项内容的计算基础并细心地加以汇总。上述报价核算可以说是一个比较精确的出口报价核算范例。在实际交易中，出口商往往会采用一些简单粗略或简化的计算方法以使报价更为快捷。出口报价中的费用部分在价格中所占比例虽然不会很大，但由于内容较多且计费方法不尽相同，在计算时应特别注意。

根据上述报价情况，以下问题应当引起注意：

（1）按照实际报价的一定百分比计算的内容应一次求出，否则容易造成报价的低估。

（2）实际业务中，除了采用费用额相加的方法外，还有规定定额费用的做法，该费用率的计算基础是含税的进货成本。

（3）银行费用根据出口发票金额的一定百分比收取，计费基础是成交价格。佣金和保险费通常也根据成交价格来计算。

（4）垫款利息按照进货成本计算，远期收款利息按照成交价格计算。

（5）报价核算有总价核算和单价核算两种方法：总价核算法比较精确，但要将核算结果折算成单价后才能对外报价；单价核算法可以直接求出报价，但计算过程需保留多位小数，以保证报价准确，上述实例采用的就是单价核算法。

（6）注意报价的计量单位以及集装箱数量的准确性：它直接影响单位运价和国内

费用的多少。

(7)出口报价核算出来之后,可以采用逆算方法验算,即报价产生以后,用收入减去支出等于成本的原理来核算对外报价是否正确。

(8)业务员在对外磋商之前就应进行报价核算,以做到对一笔业务的综合经营状况心中有数。因此,务必填好出口商品价格核算单。

## 任务三　控制成本

外贸企业在指定进出口商品价格时,要注意加强成本控制,以便采取措施不断降低成本,提高经济效益,防止出现不计成本、不计盈亏和单纯追求成交量的偏向。进出口两个方面均强调加强成本核算,掌握进出口总成本、进出口销售净收入的数据,并计算和比较各种商品价格进出口的盈亏情况,以考核进出口业务的经济效益。

### 一、出口总成本与出口净收入

出口总成本,是指出口商品的进货成本、出口前的全部费用和税金。其计算公式为:

出口总成本 = 进货成本 + 全部费用 + 税金

出口净收入,是指出口 FOB 净收入,包括出口 FOB 外汇净收入和出口 FOB 人民币净收入,也称出口销售外汇净收入和出口销售人民币净收入。出口销售外汇净收入是出口商品按 FOB 价出售所得的外汇净收入,出口销售人民币净收入是出口商品的 FOB 价按当时的外汇牌价折成人民币的收入。

**例 11**:某公司以每公吨 1 000 美元 CIF 价格出口商品,已知该笔业务每公吨需要支付国际运输费用 100 美元,保险费率 1%,国内采购价格为 5 000 元人民币,商品管理费用 500 元人民币,汇率为 6.60,试计算该笔业务的出口总成本和出口净收入。

**解**:出口总成本 = 进货成本 + 全部费用 + 税金

= 5 000 + 500

= 5 500(元人民币)

出口外汇净收入 = CIF − F − I

= CIF − F − CIF × 保险加成 × 保险费率

= 1 000 − 100 − 1 000 × 1.1 × 1%

= 889(美元)

出口人民币净收入 = 出口外汇净收入 × 汇率

=889 ×6.60

=5 867.4(元人民币)

## 二、出口换汇成本

出口换汇成本是出口总成本与出口销售外汇净收入的比值,单位是本币/外币,如元人民币/美元。其计算公式为:

出口换汇成本=出口总成本/出口销售外汇净收入

如果出口换汇成本低于当时的汇率,说明对外出口盈利;如果出口换汇成本高于当时的汇率,说明对外出口亏损。

**例12**:据例11已知条件,计算该笔业务的出口换汇成本。

**解**:出口换汇成本=出口总成本/出口销售外汇净收入

=5 500/889=6.19(元人民币/美元)

因为出口换汇成本6.19小于汇率6.60,所以该笔业务对外出口是盈利的。

## 三、出口盈亏额与出口盈亏率

出口盈亏额,是指出口销售人民币净收入与出口总成本的差额。出口盈亏率,是出口盈亏额与出口总成本的比率。其计算公式为:

出口盈亏额=出口销售人民币净收入-出口总成本

出口盈亏率=(出口盈亏额/出口总成本)×100%

如果出口盈亏额、出口盈亏率大于零,说明对外出口盈利;如果出口盈亏额、出口盈亏率小于零,说明对外出口亏损;如果出口盈亏额、出口盈亏率等于零,说明对外出口盈亏平衡。

**例13**:根据例11已知条件,计算该笔业务的出口盈亏额、出口盈亏率。

**解**:出口盈亏额=出口销售人民币净收入-出口总成本

=5 867.4-5 500

=367.4(元人民币)

出口盈亏率=出口盈亏额/出口总成本

=367.4/5 500

=6.68%

该笔业务出口盈亏额为367.4元人民币,大于零,说明对外出口盈利;出口盈亏率为6.68%,说明该笔业务每100元人民币的出口总成本,取得6.68元人民币的利润。

## 四、进口总成本与进口销售收入

进口总成本,是指进口单位商品时所支出的全部费用,其中包括进口商品的外汇

价款和进口税费。进口销售收入，是外贸企业将进口商品销售给外贸系统或外贸系统内各单位的业务收入。其计算公式为

进口总成本 = 进口商品 CIF 价格 × 汇率 + 进口税费

进口销售收入 = 进口成本 + 销售费用 + 预期利润

## 五、进口汇换成本

进口汇换成本又称进口换汇率，是指单位外币的进口商品所能换回多少本国货币的比率。就是说进口每美元商品能赚回多少元人民币。这一指标可以反映进口企业经营进口商品的实际盈亏，是考核进口企业经济效益的重要依据。其计算公式为：

进口汇换成本 = 进口商品销售收入（元人民币）÷ 进口商品（美元）

如果进口汇换成本高于当时的外汇牌价，说明进口盈利；如果进口汇换成本低于当时的外汇牌价，说明进口亏损。

## 六、进口盈亏额与进口盈亏率

进口盈亏额，是该商品的进口销售收入与进口总成本的差额。进口盈亏率，是该商品的进口盈亏额与进口总成本的比率。其计算公式为：

进口盈亏额 = 进口销售收入 − 进口总成本

进口盈亏率 =（进口盈亏额/进口总成本）× 100%

如果进口盈亏额、进口盈亏率大于零，说明进口盈利；如果进口盈亏额、盈亏率小于零，说明进口亏损；如果进口盈亏额、进口盈亏率等于零，说明进口盈亏平衡。

**例 14：**某公司以每件 21 美元 CIF 价格进口商品，已知该笔业务每件商品需要支付进口税费 2.2 元人民币，国内销售费用 0.12 元人民币，预期利润率 10%，汇率为 6.60，试计算该笔业务的进口汇换成本、进口盈亏额与进口盈亏率。

**解：**进口总成本 = 进口商品 CIF 价格 × 汇率 + 进口税费

= 21 × 6.6 + 2.2

= 140.8（元人民币）

进口销售收入 = 进口成本 + 销售费用 + 预期利润

= 140.8 + 0.12 + 140.8 × 10%

= 155（元人民币）

进口换汇成本 = 进口商品销售收入（元人民币）÷ 进口商品（美元）

= 155 ÷ 21

= 7.38（元人民币/美元）

因为该笔业务的换汇成本 7.38 高于汇率 6.60，所以对外进口盈利。

进口盈亏额 = 进口销售收入 - 进口总成本

= 155 - 140.8

= 14.2（元人民币）

进口盈亏率 = （进口盈亏额 ÷ 进口总成本）× 100%

= （14.2 ÷ 140.8）× 100%

= 10%

该笔业务进口盈亏额为 14.2 元人民币，大于零，说明对外进口盈利；进口盈亏率为 10%，说明该笔业务每 100 元人民币的进口总成本，取得 10 元人民币的利润。

# 任务四　磋商贸易和签订合同

## 一、磋商交易概述

### （一）磋商交易含义和方式

进出口企业在做好进出口交易前的准备工作以后，即开始对外磋商交易。所谓磋商交易（Negotiation Business），是指买卖双方以一定的方式并通过一定的程序就交易的货物及各项交易条件进行协商，最后达成协议的整个过程。

磋商交易在形式上可分为口头磋商形式和书面磋商形式。

**1. 口头磋商**

口头磋商主要是指在参加各种交易会、洽谈会以及贸易小组出访、邀请客户来访等洽谈交易时，在谈判桌上面对面地谈判达成交易。另外，还有双方通过国际长途电话进行的交易磋商。口头磋商可以直接进行交流，便于了解对方的诚意和态度，可以有针对性地采取相应的对策，对于内容复杂、交易数额巨大的交易更为适合。

**2. 书面磋商**

书面磋商是指通过信件（Letter）、电报（Cable）、电传（Telex）、传真（Fax）、电子数据交换（EDI）与电子邮件（E-mail）等通信方式来洽谈交易。书面洽谈简便易行，费用低廉，是日常业务中的通常做法。

通过口头洽谈和书面磋商，双方对交易条件达成协议后，即可制作正式书面合同。这两种磋商方式在法律上均具有同等的效力。

### （二）磋商交易的内容

磋商交易的内容，就是双方就买卖的商品，对各项交易条件进行协商，双方必须在各项交易条件取得一致意见后，才能订立合同。合同中涉及的主要条款包括品名、品质、数量、包装、价格、装运、保险、支付以及商检、索赔、仲裁和不可抗力等。在实际进行业务交易中，一般都使用固定格式的合同，而上述条款中的商品检验、索赔、仲裁、不可抗力等通常作为一般交易条件印在合同中。

### （三）磋商交易的一般程序

每一笔交易，磋商的程序不完全相同，但一笔合同的磋商，从开始联系到达成交易，一般经历四个环节：询盘、发盘、还盘、接受。其中，发盘和接受是两个必经的环节，而询盘和还盘则可有可无。

### （四）磋商交易的基本策略

在谈判之前应结合客户的特点，设定几种在谈判中可能出现的情况，并在谈判方案中针对这几种情况制定出解决的措施，这样既可以保证谈判的顺利进行，又可以通过谈判取得双赢的结果。

## 二、询盘

询盘（Inquiry，Enquiry）又称询价，是指贸易的一方向另一方询问买卖一定货物的各项交易条件的一种磋商邀请。询盘对贸易双方均无法律上的约束力：发出询盘后，买方无购买货物义务，卖方无销售货物责任。

询盘所涉及的内容较广，可以就某一项交易条件进行询问，也可以就几项交易条件进行询问。理论上无论买卖哪一方发出都可以，实际业务中一般多由买方向卖方发出。如由买方发出的询盘，习惯上叫“邀请发盘”。如：“请报东北大豆最惠价”“中国松香 WW 级 100 吨，8 月份装船，请报 CIF 安特卫普价”。如由卖方发出的询盘，习惯上叫“邀请递盘”，如：“可供东北大豆请递盘”“可供中国松香 WW 级，8 或 9 月份装船，请递实盘”。对询盘的书面格式并无要求，但是询盘中往往采用“请寄”“请提供”“请告”“有兴趣”“拟购”“可供”“请报”“请发盘”“请递盘”等术语。

## 三、发盘

### （一）发盘的含义

发盘（Offer）又称发价、报盘、报价，在法律上称为“要约”。是指买卖双方的一方（发盘人，Offeror）向另一方（受盘人，Offeree）提出购买或出售某种商品的各项主要交易条件，并愿意就这些条件与对方达成交易、订立合同的一种肯定的意思表示。

发盘和询盘一样，可以由卖方提出，习惯上叫“卖方发盘”；也可以由买方提出，习惯上叫“买方发盘”,或称递盘或订单。但多数情况下由卖方提出,如:“发盘中国松香WW级铁桶100公吨,每公吨500英镑CFR伦敦,7或8月份装船不可撤销即期信用证15日复到有效。”这是一份由卖方提出的发盘,一旦受盘人接受,合同即告成立。

### (二)发盘的构成要件

(1)发盘要有特定的受盘人(specific persons)。受盘人可以是一个人,也可以是一个以上的人,可以是自然人,也可以是法人,但必须特定化,而不能是泛指广大的公众。因此,一方在报刊杂志上或电视广播中作商业广告,即使内容明确完整,由于没有特定的受盘人,也不能构成有效的发盘,而只能看作邀请发盘。

(2)表明承诺约束的意旨(contractual intent)。一项发盘必须明确表示或默示表明当受盘人做出接受时发盘人承受约束的意旨,即承担按发盘的条件与受盘人订立合同的责任。这种意旨有时可以从发盘所用的有关术语加以表明。如说明是“发盘”“发实盘”“实盘”“递盘”“递实盘”“订购”“订货”等字样时,就表示了发盘人肯定订约的意旨。但是否使用上述词句,并不是辨别对方是否具有“得到接受时承认受约束的意旨”的唯一依据。有时上述意旨也可以默示表明,那就要分析对方所做出的表示的整个内容,考虑与该发盘有关的一切情况,当事人确立的习惯做法以及当事人随后的行为。

(3)交易条件必须十分确定。发盘中的交易条件,特别是主要交易条件必须确定。这样在它被受盘人接受时,合同才能成立。《联合国国际货物销售合同公约》(以下简称《公约》)规定,所谓十分确定(sufficiently definite)包括写明货物、数量和价格。为防止误解和可能发生的争议,在外贸实际工作中,对外发盘时,除应列明货物、数量和价格外,还应包括包装、交货和支付条件。

(4)送达受盘人(be communicated to the offeree)。《公约》第十五条规定:“发盘于送达受盘人时生效”。就是说发盘虽已发出,但在到达受盘人之前并不产生对发盘人的约束力,即使受盘人已由某一途径获悉该发盘,也不能接受该发盘。所谓“送达”对方,是指将发盘的内容通知对方或送交对方来人,或其营业地或通信地址。

必须同时具备以上四项条件,才能构成法律上有效的发盘。否则,都不能构成有效发盘,对发盘人没有约束力。

### (三)发盘的有效期

在国际货物买卖中,凡是发盘都有有效期(Time of validity 或 Duration of offer)。发盘的有效期是指发盘可供受盘人对发盘作出接受的有效时限,也是发盘人对发盘承受约束的期限。有效期有以下两种规定方法。

(1)在发盘中明确规定有效期。在实际业务中,常见的明确规定发盘有效期的方法主要有:第一,规定最迟接受的期限。例如:“发盘有效期至 10 日。”由于国际贸易是在不同国家的商人之间进行的,两国间往往有时差,因此发盘中应明确以何方的时间为准。在实际业务中,发盘人大都在发盘中规定以本方时间为准,也就是以发盘人所在地时间为准。第二,规定一段接受的期限。例如:“发盘有效期 3 天。”这种方法存在如何计算一段时间的起讫问题,对此《公约》做出了规定,即以电报表示发盘的,从电报交到邮电局时起算。以信件表示发盘的,以信内载明的发信日期起算。如信内未载明日期的,则以信封上邮戳的日期起算。以电话、电传或其他可立即传到对方的方式发盘的,从发盘到达受盘人时起算。在所规定的一段时间内,在受盘人所在地如遇假日或非营业日,也应包括在内。但如果有效期的最后一天恰逢发盘人所在地的假日或非营业日,受盘人的接受不能送达发盘人的地址时,则此段期限顺延至下一个工作日。

(2)发盘中不明确规定有效期。例如:“发盘……复”“发盘……电复”“发盘……速复”。在这些发盘中,没有明确有效期,此种表示方法被称为在合理时间内有效,而合理时间究竟有多长,各国法律并无明确规定,要依据发盘的方式、货物的行情等因素去掌握。因此,我们在对外发盘时,一般采用明确规定有效期的方式,不采用不明确规定有效期的方式,以避免造成麻烦或损失。

### (四)发盘生效的时间和撤回

发盘在到达受盘人时生效,发盘送达之前对发盘人没有约束力。发盘到达受盘人之前,发盘人可以将其撤回(Withdrawl)。但发盘人必须以更快的通信方式将撤回的通知送达受盘人或与发盘同时到达。

### (五)发盘的撤销

发盘的撤销(Revocation)是发盘送达受盘人后,发盘人取消发盘,解除效力的行为。根据《公约》的规定,一项发盘发出后,可以撤销。其前提条件为:撤销发盘的通知在受盘人发出接受通知前送达受盘人。在下列情况下,发盘不得撤销:①发盘中写明了发盘的有效期或以其他方式表明是不可撤销的;②受盘人有理由信赖该发盘是不可撤销的,而且受盘人已本着对该发盘的信赖行事,如寻找用户、组织货源等。

### (六)发盘的终止

发盘的终止(Termination)是指发盘失去其法律约束力。对发盘人而言,不再受发盘的约束;对受盘人而言,则丧失了接受发盘的权利。发盘终止的原因很多,可以归纳为如下几种情况:

(1)有效期内未被接受而终止。任何一项发盘都有有效期,不论是具体的若干天,还是模糊的“合理时间”,只要有效期满依然未被接受,即使明确规定发盘不可撤销,发盘依然自动失效而终止。有效期满后,受盘人即使表示接受,合同也不能成立,除非原发盘人表示同意。

(2)被受盘人拒绝或还盘。发盘一经受盘人拒绝或还盘,发盘立即终止。例如:“你10日电不能接受”;“你5日电抱歉无兴趣”。在实际业务中,受盘人对发盘的拒绝通常是以还盘的形式出现的。如果受盘人反悔又表示接受,即使在原发盘的有效期内,合同亦不能成立,除非原发盘人对该“接收”(实质上是原受盘人作出的一项新发盘)予以确认。

(3)发盘人在受盘人作出接受前对发盘进行了有效的撤销。

(4)特殊情况。特殊情况是指发盘人或受盘人难以控制的因素,如战争、封锁、政府禁令、当事人死亡或法人破产等,这种特殊情况一旦出现,依据有关法律的适用(Application of law),发盘立即失效。

## 四、还盘

还盘(Counter-Offer),又称还价,在法律上称为“反要约”。是受盘人对发盘内容不同意或不完全同意,为进一步协商,而向发盘人提出修改或变更的表示。还盘既是对发盘的拒绝,又是受盘人以发盘人的地位所提出的一项新发盘。发盘经还盘后即失效,除非征得原发盘人的同意,做出还盘的一方不得重新接受已被还盘的发盘。还盘时,可以采用“还盘”“还价”等术语。但是,只要从实质上变更发盘的内容,即构成还盘。例如:“你10日电价太高还盘30英镑限14日复。”“你8日电如承兑交单我接受11日复到。”“你8日电接受仲裁地点在香港。”“你8日电抱歉难接受。”

**案例1**:我出口企业于6月1日用传真向英商发盘销售某商品,限6月7日复到。6月2日收到英商发来传真称:“如价格减5%可接受。”我尚未对英商来电作出答复,由于该商品的国际市价剧涨,英商又于6月3日来传真表示:“无条件接受你6月1日发盘,请告合同号码。”试问:在此情况下,我方应如何处理?为什么?

**案例分析**:我方应拒绝接受英商6月3日通过传真表示的无条件接受,双方应按照最新国际市场价格洽谈。理由如下:发盘在还盘生效时失效。我方6月1日的发盘,经过6月2日英方要求价格下降5%的还盘后已经失效,英商6月3日的无条件接受不是有效的接受,是一项新的发盘,在国际市场价格剧涨的情况下,我方完全可以拒绝。

**案例2**:某年6月,甲国某公司准备向国际招标机构投标,由于缺少货源,向我某外贸公司发来求购意向,我公司遂于6月25日向其发实盘并规定有效期至同年7月20日。对方为争取得标,6月30日向我公司发来传真,要求降价20%,我公司于7月2日回电拒绝。对方 7 月 12 日给我公司来电,同意接受我方 6 月 25 日发盘。此时我公司已将该批货物以高价转卖他国,无法向对方供货,对方遂派专人前来交涉,要求我方供货。问:我方应否向对方供货?

**案例分析**:这是一起合同是否成立的问题,分析的关键在于两个问题:一是发盘何时失效;二是还盘的法律后果。《公约》明确规定,受盘人做出还盘或对发盘主要条款提出修改,原发盘失效。还盘有两个法律后果:一是还盘是对发盘的拒绝,还盘一经做出,原发盘失去效力,发盘人不再受其约束;二是还盘是受盘人向原发盘人提出的一项新的发盘,还盘做出双方角色互换,这时还盘人即成为发盘人。新受盘人有权对还盘内容进行考虑,可以接受也可以不接受。对方认为其 7 月 12 日的接受是在规定的 7 月 20 日的有效期内做出的,故 7 月 12 日接受是合同成立的标志。然而,对方 6 月 30 日传真要求我方降价 20%,是对我方发盘内容实质性修改,是还盘,造成了我方原发盘内容失效。其 6 月 30 日还盘成为新的发盘,被我方拒绝。因此,双方不存在合同关系。对方 7 月 12 日的来电仍然是发盘,我方也没有接受且将货物售出,没有订立合同意思。所以,对方要求是无理的,我方有权不向对方供货。

## 五、接受

### (一)接受的含义

接受(Acceptance),在法律上称为"承诺",是指受盘人同意对方在发盘中提出的各项交易条件,并愿按这些条件与对方达成交易、订立合同的一种肯定的意思表示。

一方的要约或反要约经过另一方接受,交易即告达成,合同即告订立,合同双方均应承担各自的义务。表示接受,一般用"接受"(Accept)、"同意"(Agree)与"确认"(Confirm)等术语。例如:"你 5 日电我接受。""你 8 日电确认请告合同号。"

根据法律要求,国际货物买卖合同是经过发盘和接受的程序而订立的。发盘和接受都是法律行为,必须符合法律规则。只有符合法律规则的发盘和接受,才能订立法律上有效的合同。

### (二)构成接受的要件

构成一项法律上有效的接受,必须具备以下四个条件:

(1)接受必须由特定的受盘人做出。发盘向特定人提出,只有特定人才能对发盘做出接受,任何第三方做出的接受,均视为无效。

(2)接受必须表示出来。接受必须由受盘人以声明(Statement)或行为(Performing an act)表示出来。按照《公约》第十八条规定:缄默或不行为本身不等于接受。

**案例3**:我某对外工程承包公司于5月3日以电传请意大利某供应商发盘出售一批钢材。我方在电传中声明:要求这一发盘是为了计算一项承造一幢大楼的标价和确定是否参加投标之用;我方必须于5月15日向招标人送交投标书,而开标日期为5月31日。意供应商于5月5日用电传就上述钢材向我发盘。我方据以计算标价,并于5月15日向招标人递交投标书。5月20日意供应商因钢材市价上涨,发来电传通知撤销其5月5日的发盘。我方当即复电表示不同意撤盘。于是,双方为能否撤销发盘发生争执。及至5月31日招标人开标,我方中标,随即电传通知意供应商我方接受该商5月5日的发盘。但意商坚持该发盘已于5月20日撤销,合同不能成立。而我方则认为合同已经成立。对此,双方争执不下,遂协议提交仲裁。

**案例分析**:合同已成立。意大利与中国均为《联合国国际货物销售合同公约》缔约国,双方当事人交换的电传也未排除《公约》,因此本案应受《公约》制约。意商发盘是不可撤销的:①我方询盘中已明确告知对方我方邀请发盘意图。②意方知悉我方意图后向我方发盘,我方有理由相信该项发盘是不可撤销,并已本着该信赖行事,参与了投标。③该项发盘未规定有效期,应视为合理时间有效,本例合理时间应为开标后若干天。意商5月20日来电撤销发盘,我方立即拒绝,撤销不能成立。《公约》规定,一项发盘,收盘人有理由信赖该项发盘是不可撤销并已本着该信赖行事,该项发盘不能撤销。我方中标后立即通知意方接受,接受生效,双方合同成立。

(3)接受必须与发盘相符。如要达成交易,成立合同,受盘人必须无条件地全部同意发盘的条件。也就是说,接受必须是绝对的、无保留的,必须与发盘人所发实盘的条件相符,否则就不构成接受。《公约》对此有专门规定,对发盘表示接受,但载有添加、限制或其他更改的答复,即为拒绝该项发盘并构成还盘。比如:"接受,但以我方认可样品为准";"接受,只要价格包含5%的佣金";"接受,如果9月份装运"等,都不能构成接受,而只能是以接受形式出现的还盘。

但是,应注意对发盘条件的添加或更改,有实质性与非实质性之分。《公约》规定:有关货物价格、付款、货物质量和数量、交货地点和时间,一方当事人对另一方当事人的赔偿责任范围或解决争端等的添加或修改,均视为在实质上变更发盘的条件。接受表示如有实质性变更(material alteration),发盘人可不予确认,合同不能成立。至于非实质性变更(non-material alteration),例如,要求增加提供重量单、装箱单、商检证和原产地单据,或要求增加单据份数,或要求分两批装运等,则不应视为实质性变更,不影响接受的有效性。发盘人如不同意这些变更,则应不延迟地向受盘人提出异议,否则,合同将按照添加或修改后的发盘条件成立。

**案例4**:我某外贸公司于3月1日向美商发去电子邮件,发盘供应某农产品1 000

公吨并列明“牢固麻袋包装”(PACKED IN SOUND GUNNY BAGS)。美商收到我方电子邮件后立即复电表示,“接受,装新麻袋装运”(ACCEPTED,SHIPMENT IN NEW GUNNY BAGS)。我方收到上述复电后,即着手备货,准备于双方约定的6月份装船。数周后,某农产品国际市价猛跌,针对我方的催证电子邮件,美商于3月20日来电称:“由于你方对新麻袋包装的要求未予确认,双方之间无合同(NO CONTRACT)。”而我外贸公司则坚持合同已有效成立,于是双方对此发生争执。试问:此案应如何处理?说明理由。

**案例分析:**此案中的合同是有效成立的。本案中,美商对我方发盘表示了有条件的接受,其中对包装的修改在性质上属于非实质性变更发盘条件,按照《公约》规定,构成非实质性变更发盘条件的有条件接受是有效的,合同是成立的,除非发盘人表示不同意并立即通知对方。本案中,我方对于美商非实质性变更发盘条件的接受并非表示出反对,因此接受是成立的,合同是有效的。

(4)接受必须在发盘的有效期内传达到发盘人。《公约》规定:接受于到达发盘人时生效。如果接受在发盘的有效期内,或者发盘未规定有效期,在合理时间内未到达发盘人,接受即无效。对于口头发盘必须立即接受,发盘人发盘时另有声明除外。

**案例5:**一法国商人于某日上午走访我国外贸企业洽购某商品。我方口头发盘后,对方未置可否,当日下午法商再次来访表示无条件接受我方上午的发盘,那时,我方已获知该项商品的国际市场价格有趋涨的迹象。对此,你认为我方应如何处理为好?为什么?

**案例分析:**中国与法国均系《联合国国际货物销售合同公约》缔约国,洽谈过程中,双方对《公约》均未排除或作出任何保留。因此,双方当事人均应受该《公约》约束。按《公约》规定:对口头要约,须立即接受方能成立合同。上午我方发盘后,法商未置可否,也未提出任何要求,则合同没有成立。据此,我方鉴于市场有趋涨迹象,可以予以拒绝或提高售价继续洽谈。

### (三)接受生效的时间

按各国法律,接受一旦生效,合同即告成立,双方当事人必须严格遵照执行,否则视为违约。《公约》和我国《民法典》均采用到达生效原则。

### (四)逾期接受

逾期接受(Late acceptance),又称迟到的接受,是指接受通知超过发盘规定的有效期限,或发盘未明确规定有效期限而超过合理时间才传达到发盘人。逾期接受在一般情况下无效。但是,按《公约》规定,如果发盘人收到逾期接受后,毫不迟延地通知受盘人,确认其有效,则该项逾期接受仍有效。如果所使用的信件或其他书面文件表明,逾期接受是在传递正常、能及时送达发盘人的情况下寄出的，但由于出现传递不正常的情况而造成延误，这种逾期接受仍然有效。除非发盘人收到逾期接受时，毫不延迟地向受盘人发出通知，否认逾期接受的有效性。

### （五）接受的撤回

接受的撤回，是指在接受生效之前将接受予以撤回，以阻止其生效。《公约》规定：如果撤回通知先于接受生效之前或同时送达发盘人，接受得以撤回。接受一经生效，合同成立，如要撤销接受，属于毁约行为，将按违约处理。

## 六、订立合同

在交易磋商过程中，一方发盘经另一方接受，交易即告达成，买卖双方之间就建立了合同关系。依国际惯例，买卖双方还需签订一定格式的书面合同。书面合同可以作为合同成立的证据、合同生效的条件和履约的依据。

### （一）合同的形式

在国际上，对货物买卖合同的形式，没有特定的限制。从事进出口贸易的买卖双方，既可以采用正式的合同（Contract）、确认书（Confirmation）、协议（Agreement），也可以采用备忘录（Memorandum）等形式。此外，还有意向书、订单和委托订购单等。

### （二）合同的基本内容

进出口合同一般包括三个部分：第一部分是合同的首部，叫约首（Preamble）。它包括合同名称、合同编号、订约日期和地点，订约双方名称和地址等。第二部分是合同的本文（Body），是对各项交易条件的具体规定。第三部分是合同的约尾（End），通常载明合同使用的文字及其效力、合同正本的份数、附件及其效力，以及有正当权限的订约双方当事人代表的签字等。合同的内容必须符合政策，内容完备，条款明确、文字严密，前后一贯，并与交易磋商的内容完全一致。有效的合同是对双方当事人都有约束力的法律文件。

### （三）合同生效的要件

国际货物买卖合同的达成，必须符合法律规范，方为有效。依据《公约》，构成一项有效的国际货物买卖合同的必要条件，主要包括：①合同必须经发盘和接受才能成立；②合同当事人具有订立合同的行为能力；③合同的标的和内容必须合法；④合同当事人必须在自愿和真实的基础上达成协议；⑤合同必须有对价和合法的约因。

**案例6**：20××年12月，中国天津A公司与某国设在中国广州的外商独资企业B

公司在大连签订一份货物买卖合同，合同规定，由 B 公司向 A 公司出售一批移动电信设备，总金额为 200 万美元，交货地点在 A 公司设在沈阳的仓库。合同进一步规定，双方当事人如因在合同履行过程中发生争议，可进行友好协商解决；如协商未果，则自愿提交中国国际经济贸易仲裁委员会深圳分会仲裁，其结果为终局性的，对双方均产生约束力，并明确双方所适用的法律为《联合国 1980 年国际货物销售合同公约》。试分析，双方当事人对上述合同条款所作出的法律适用方面的选择是否恰当？

**案例分析**：目前，在国际上，与国际贸易关系较为密切的国际贸易条约主要是《联合国国际货物销售合同公约》。《公约》的宗旨是以建立新的国际经济秩序为目标，在确立有关国际货物销售合同的统一原则时，照顾到不同社会经济制度和法律制度的国家，以减少国际贸易的法律障碍，在平等互利的基础上发展国际贸易，促进各国间的友好关系。我国是《联合国国际货物销售合同公约》的最早成员国之一，但在 1986 年核准《公约》时，对《公约》提出了两项重要的保留：其一是对《公约》适用范围的保留。《公约》规定，如果合同双方当事人的营业地是处于不同的国家，而且这些国家都是该公约的缔约国，该公约就适用于他们之间订立的货物买卖合同，即该公约适用于营业地处于不同的缔约国的当事人之间订立的买卖合同。该公约又规定，只要双方当事人的营业地是处于不同的国家，即使他们的营业地所在国不是公约的缔约国，但如果按照国际私法的规则导致适用某一缔约国的法律，则该公约亦将适用于这些当事人之间订立的国际货物买卖合同。对此，我国提出了保留，即认为公约的适用范围仅限于营业地分处于不同缔约国的当事人之间所订立的货物买卖合同。在本案中，中国天津 A 公司与某国设在中国广州的外商独资企业 B 公司在大连签订的货物买卖合同不是国际货物买卖合同，因此，双方规定所适用的法律为《联合国 1980 年国际货物销售合同公约》有不妥之处。

**案例 7**：某年 5 月 10 日，中国华东地区 A 进出口公司电报通知美国 B 贸易公司，以 CIF 价格术语向美方出口成品制衣，总价为 100 万美元，以不可撤销的信用证支付货款。A 公司 5 月 16 日收到美方 B 公司回电，同意购买，但要求降价至 95 万美元。中国 A 公司于 5 月 19 日电报通知对方并同意其要求，美方 B 公司于 5 月 20 日收到此电报。A 公司将货物运至宁波港，交由某省 C 远洋运输公司承运，整批货物分装在三个集装箱内。6 月 10 日承运船舶在公海航行时，由于船员疏忽，船上发生火灾，A 公司托运的一个集装箱被烧毁。6 月 15 日货物运抵纽约港，但美方 B 公司拒绝接受货物，并向 A 公司提出索赔。双方诉至我国某法院。试问：(1) 双方的合同争议是否可适用《联合国国际货物销售合同公约》解决？(2) 该合同于何时成立？为什么？(3) 货物被毁受损，美方 B 公司能否要求中方 A 公司给予赔偿？为什么？

**案例分析**:我国和美国均是《联合国国际货物销售合同公约》的最早成员国之一,《公约》规定,如果合同双方当事人的营业地是处于不同的国家,而且这些国家都是该公约的缔约国,该公约就适用于他们之间订立的货物买卖合同,即该公约适用于营业地处于不同的缔约国的当事人之间订立的买卖合同。我国和美国均是《公约》的缔约国,因此,可以适用《公约》。根据《公约》规定,接受通知必须送到受盘人之后方生效,美方B公司于5月20日收到接受电报,所以,合同于5月20日成立。由于本合同是CIF术语成交,买卖双方的风险划分以装运港的船上为界,因此,卖方不承担赔偿责任。

**案例8**:某年11月4日顺达公司应瑞典TG公司的请求,报价棉花500吨,每吨斯德哥尔摩到CIF价格340欧元,即期装运实盘,要约有效期至11月24日。TG公司接收到报盘后,请求顺达公司:“降低价格;延长要约有效期”。顺达公司曾将价格每吨减至320欧元,延长要约有效期至11月30日。TG公司接收到顺达公司来电后,又请求顺达公司:“增加数量;再次延长要约有效期”。顺达公司再将数量增至800吨,延长要约有效期至12月10日。TG公司于12月6日来电接受该盘。顺达公司在接到TG公司承诺电报时,发现国际市场因受灾影响棉花产量,市场价格暴涨。顺达公司不愿意成交,复电称:“由于世界市场价格变化,在接到承诺电报前已将货物售出,不能提供货物”。TG公司不同意这一说法,认为:承诺是在要约有效期内作出,是有效的,坚持要求顺达公司按要约的条件履行合同。提出:“执行合同或者赔偿差价损失6万欧元,否则将起诉于法院”。试问:(1)双方间的买卖合同是否成立?(2)TG公司有无正当理由提起诉讼?为什么?

**案例分析**:交易磋商的一般程序应包括邀请发盘、发盘、还盘、接受和签订合同等环节,其中发盘和接受是交易成立的基本环节,也是合同成立的必要条件。本案的关键问题是如何认识合同订立的程序。一般说来,订立合同必须经过两个程序,即发盘和接受。本案中,经过推迟的发盘有效期是11月30日,TG公司的承诺于11月26日到达,是有效接受,合同应于11月26日成立。顺达公司以“由于世界市场价格变化,在接到承诺电报前已将货物售出”为由不履行合同,是完全没有法律依据的违约行为。因此,双方间的买卖合同已经成立。

(四)合同成立的时间

作为合同成立的时间在法律规定中有以下几种情形:

(1)接受生效的时间;

(2)双方当事人签字或盖章的时间;

(3)签订确认书的时间；
(4)合同被批准的时间；
(5)完成其他特定形式的时间；
(6)行为作出的时间。

## 必备技能实训

### 1.案例分析

中国纺织品进出口公司接新加坡某贸易公司来电，要求建立业务关系，表示对中国产漂布非常感兴趣。中国纺织品进出口公司委托中国银行在新加坡的分支机构对新加坡的该公司进行了资信调查，结果可靠。20××年10月10日，中方公司电告买方，介绍"福"牌中国产漂布(货号5678)，规格为：长42码、幅阔35/36英寸；净重58 kg等。同时附参考样品一块儿和售货确认书空白格式一份，其背面列有"一般交易条件"。下面为交易磋商的全部过程：

(1)Oct. 13,20×× Singapore

Your letter 10/10 received please offer firm 5678.

(2)Oct. 14,20×× Shanghai

Yours 13/10 offer firm subject reply here 17th 5678 100000 yards cloth bales US dollars 1.40 per yard CIF Singapore shipment March 20×× irrevocable sight credit.

(3)Oct. 15,20×× Singapore

Yours 14/10 150000 yards Jan. US dollars 1.20 CIFC3 D/P sight please reply 18th.

(4)Oct. 17,20×× Shanghai

Yours 15/10 orders congested can only supply 120000 yards Feb. US dollars 1.40 US dollars CIFC2 irrevocable sight credit reply here 19th.

(5)Oct. 18,20×× Singapore

Yours 17/10 other s sources similar quality quoting 1.25 competition keen hence best 1.30 credit 60 days sight cable reply.

(6)Oct. 19, 20×× Shanghai

Yours 18/10 in view of initial transaction special consideration 1.35 credit 30 days reply here20th.

(7)Oct. 20,20×× Singapore

Yours 19/10 accepted credit to be opened by ABCCo..

**问题：**

(1)判断交易磋商过程中的询盘、发盘、还盘与接受。

(2)中方公司 10 月 14 日发盘的主要是什么？是否符合发盘的构成条件？

(3)双方反复磋商的交易条件是什么？

(4)经过这笔业务的交易磋商过程，总结业务操作经验。

**2. 流程**

(1)进口商发送询盘邮件。

(2)出口商计算出口报价。

(3)出口商发送报价邮件。

(4)进口商收取出口商报价邮件，填写进口成本预算表，核算出成本与利润，确定还盘还是接受。

(5)进口商发送还盘或接受邮件。

要求：

(1)一笔业务的磋商过程，询盘、发盘、接受这三个环节必不可少，还盘可以没有。

(2)所有函电的标题和正文必须为英文，写作格式要规范。

(3)"发盘"函电的正文中需写全以下要素，错写漏写均不得分：产品编号、产品名称、数量、单价(完整的表达)、总金额、结算方式、运输方式、装运港、目的港、保险条款等。

**注意：**发盘要素的各项标题必须为英文，且与表 1-4 中"发盘要素标题(英文)"完全一致，具体内容必须与最终签订合同中的条款吻合。

**表 1-4　发盘要素**

| 发盘要素 | 发盘要素标题(英文) | 内　容 |
| --- | --- | --- |
| 产品编号 | Product No. | 与合同中商品编号完全一致 |
| 产品名称 | Product Name | 与商品资料中的商品名称完全一致 |
| 数量 | Quantity | 与合同中商品数量完全一致<br>格式：数字 + 单位(注意单复数)<br>例如：200 PCS |
| 单价 | Unit Price | 与合同中商品单价完全一致，并要表达完整<br>例如：USD 20.5 PER CARTON CIF NEWYORK, AMERICA |
| 总金额 | Amount | 与合同总金额完全一致<br>格式：币别 + 数字<br>例如：GBP 35000 |

续表

| 发盘要素 | 发盘要素标题(英文) | 内　　容 |
| --- | --- | --- |
| 结算方式 | Payment | 与合同中结算方式完全一致,必须完整表达<br>例如:T/T 30% IN ADVANCE AND 70% WITHIN 30 DAYS AFTER SHIPMENT DATE |
| 运输方式 | Means of Transport | 与合同中运输方式完全一致,具体为 BY VESSEL 或 BY AIR |
| 装运港 | Port of Shipment | 与合同中装运港完全一致<br>格式:港口,国家<br>例如:HAMBURG,GERMANY |
| 目的港 | Port of Destination | 与合同中目的港完全一致,格式同装运港 |
| 保险条款 | Insurance | 与合同中保险条款完全一致<br>例如 FOB 方式下保险条款如下:<br>TO BE COVERED BY THE BUYER. |

**参考范例:**

Product No. :01005

Product Name: CANNED SWEET CORN

Quantity:10000 CARTONS

Unit Price:USD 5.3 PER CARTON CIF NEWYORK, AMERICA

Amount:USD53000

Payment:L/C AT 30 DAYS AFTER SIGHT

Means of Transport:BY VESSEL

Port of Shipment:SHANGHAI, CHINA

Port of Destination:NEWYORK, AMERICA

Insurance: FOR 110 PERCENT OF THE INVOICE VALUE COVERING INSTITUTE CARGO CLAUSES(A),INSTITUTE WAR CLAUSES,INSTITUTE STRIKES CLAUSES.

(4)交易磋商的结果必须与正式签订的合同一致。

(5)“接受”函电的正文中包含关键词“accept”或“accepted”。

# 模块二 外贸跟单

## 任务一 履行外贸 B2B 合同

### 一、外贸 B2B 的出口业务履约流程

国际货物买卖合同的订立，是双方当事人各自经济意愿的一种表示，只有履行了所订立的合同，才能实现双方当事人各自的经济目的。重合同、守信用是我国对外贸易以至整个对外经济活动一贯遵循的重要原则。履行合同，既是经济行为，又是法律行为。按照国际惯例和各国法律，凡依法成立的合同，对有关当事人均具有法律约束力，当事人应严格履行合同中所规定的义务。

一份合同得以有效履行，取决于买卖双方。因此，除我方要严格遵守重合同、守信用的原则，严肃认真地履行合同义务外，还须随时密切关注国外客户履行合同的情况，要求对方也切实履行合同规定的义务并对其违反合同的行为采取必要措施，以维护我方的合法权益。

我国对外签订的出口合同，常采用 CIF 或 CFR 术语和凭信用证支付方式，已经逐步扩大使用的 CIP 或 CPT 术语在买卖双方所承担的责任和义务上又是呈一一对应的关系，因而，以最具代表性采用 CIF 术语和凭即期议付信用证支付的交易为例，在履行出口合同时一般要经过：出口备货、落实信用证、安排装运和制单结汇等环节，即货、证、船、款这四个基本环节。只要做好每个环节的工作，并使环环紧扣，严格按照合同、惯例、法律的规定与要求，圆满完成出口合同的履行。

#### （一）出口备货

出口备货就是根据出口合同的规定，按时、按质、按量准备应交的货物以保证按时

出运。备货的内容包括向生产部门、供货部门或仓储部门安排或催交货物,对货物进行清点、加工整理、刷制运输标志以及办理申报检验和领取检验证书等手续。卖方的基本义务是交付货物、移交与货物有关的单据并转移货物所有权。

### (二)落实信用证

在履行以信用证方式结算货款的合同中,落实信用证是直接关系到卖方按时履约、安全收汇的重要环节,通常包括催证、审证和改证三项工作。

#### 1. 催开信用证

如在出口合同中买卖双方明确规定采用信用证方式结算,买方按时开立信用证是买方必须履行的最基本的义务,亦是卖方履约的前提条件。因此,通常买方会严格按合同规定的期限开来信用证。但是,由于种种原因,买方不按合同规定开证的情况时有发生。对此,我们应根据备货情况及时催证。催开信用证是指通过信件或其他电讯工具催促对方及时办理开立信用证手续并将信用证送达我方,以便我方及时装运货物出口,履行合同义务。必要时,可请我驻外机构或有关银行协助代为催证,以催证函形式,将开证时间、备货与装运所需时间及违约后果,一并告知对方,以维护合同的严肃性。

#### 2. 审核信用证

信用证是以合同为基础,其内容应与合同条款一致。信用证的内容直接影响到出口方的收汇,所以出口方在收到信用证后,应根据买卖合同并参照《跟单信用证统一惯例》的相关规定,对其进行严格审核。在实际业务中,银行和出口企业共同承担审证责任又各有侧重。

(1)银行着重负责审核开证行的政治背景、资信情况、付款责任以及索汇路线等。

(2)出口企业重点审核信用证内容与买卖合同是否一致;信用证金额与币种、付款期限;转运和分批;开证申请人和受益人;保险条款;运输地点条款;货物描述;单据条款;银行费用等。

#### 3. 修改信用证

通过严格审证,如发现有与合同不符而我方又不能接受或不能按信用证要求办理的地方,卖方应及时通知开证申请人向开证银行办理修改信用证手续。在接到信用证修改通知书后,与原信用证一起作为履约的依据。根据《跟单信用证统一惯例》的规定,改证应一次性向国外客户提出,而不是多次提出;对同一份修改通知书中两个或两个以上的内容,要么全部接受,要么全部拒绝,不能只接受其中一部分而拒绝其余部分。

### (三)安排装运

在备妥货物与落实信用证后,出口企业应按买卖合同和信用证规定,履行装运货物的义务。涉及托运、订舱、投保、出口报关报检、装运和发装运通知等主要环节。

**1. 托运**

所谓托运,是指出口企业委托货运代理办理出口货物运输事宜。凡我方负责运输的出口合同,我出口企业通常都委托国际货物运输代理(international freight forwarder 或 freight forwarding agent,简称"货运代理"或"货代")办理有关运输的各个事项。在 CIF 合同以及使用集装箱班轮装运货物出口的情况下,应向货运代理提交出口货运代理委托书(entrusting order for forwarding export goods),并提供与本批货物有关的各项单证。委托书一经货运代理确认,意味出口企业与货运代理之间的委托代理合同成立。

**2. 订舱**

货运代理收到出口企业的货运代理委托书后,首先通过查阅各班轮公司和航运中介机构所公布的船期表和各种航运信息,选定合适的船舶后,向船公司或其代理订舱(space booking)。订舱手续是:货运代理缮制集装箱货物托运单(订舱单),注明要求配载的船舶、航次,送交船公司或其代理。船公司或其代理收到货运代理的托运单(订舱单)后,经审核后,认为可予接受的,即在托运单各联上填写船名、航次、编号,抽留其所需各联,在托运单中的装货单一联上盖好签单章,连同其余各联退回货运代理,作为对该货物订舱的确认。此时,承托双方之间的运输合同即告成立。船公司或其代理必须保证集装箱量或舱位,按时配载装运,即时签发提单。

**3. 投保**

履行 CIF 出口合同时,在配舱就绪、确定船名、航次和装运日期后,出口企业应于货物运离仓库或其他储存处所前,按出口合同和信用证的规定向保险公司办理投保手续。投保人在投保时,通常填写投保单(application for insurance),保险公司收到投保单后,如同意承保,则缮制签发保险单。

**4. 出口报关报检**

出口报关是指进出口企业在货物进出关境时通过国际贸易单一窗口向关境地海关申报货物内容,按照规定缴纳关税并申请海关查验放行的行为。企业登录单一窗口,输入相关报关信息和电子底账账号,上传订舱委托书、报关单、装货单、发票、装箱单、合同、出口许可证、原产地证、商检证、环保证、监管证明、机电产品登记表、重要工业品登记表、信用证副本等扫描件,随申报一起报给海关,单击"报关",几分钟后获得入库回执(即申报已传到海关内网系统),再过 4 ~ 5 分钟会传回一个经海关电子审结的回执(表明单证信息没问题海关审结放行),企业把回执打印盖章,通关完成。全程无纸化作业,申报到放行结关最快只需 2 小时。

出口报检是指出口生产单位按照商检法和商检与海关单一窗口的规定，向当地海关出入境检验检疫机构申请办理的检验手续。在收到国外来证、审核无误、货物已经备妥的情况下，即可在租船订舱的同时申请商检（在单一窗口填写"中华人民共和国出境货物检验检疫申请"），最迟要在出口报关或装运前 7 天办理。对于法定检验货物，检验合格后，海关出入境检验检疫机构发出"出境货物通关指令"，海关凭以放行。

#### 5. 装运

在 CIF 合同、集装箱班轮运输的情况下，承运船舶抵港前，出口企业或其货运代理应根据港区作业的进栈计划，将经出口清关并由海关加上封志的集装箱存放于港区指定堆场。港区外轮理货员凭场站收据副本联进行理货配载。船舶抵港后，由港区向托运人签收"缴纳出口货物港务费申请书"后，办理装船。装船完毕，由船长或大副在场站收据（正本）上签署，表明货物已收妥。出口企业或货运代理可凭此单据向船公司或其代理换取已装船提单。

#### 6. 发装运通知

按国际惯例以及我出口业务的习惯做法，我出口企业于货物装运（装船）后，应在信用证规定的时间内，向国外买方以电讯方式及时发出装运通知（装船通知），以便买方了解装运情况，及时加保或增加投保金额，做好接货和办理进口手续的准备。

### （四）制单结汇

出口货物装运后，出口企业应立即按照信用证规定，正确缮制各种单据，并在信用证规定的交单期送交银行，办理结汇手续。

#### 1. 制作单据

出口结汇单据种类很多，主要有汇票、发票、提单、保险单、装箱单、产地证明书、检验证书、海关发票等。

制作单据应严格做到"单证一致、单单一致"，出口结汇单据必须符合"正确、完整、及时、简明、整洁"的要求。在信用证业务中，银行只凭单据与信用证，不管买卖合同与货物，对单据的要求较为严格。因此，出口制单对及时安全收汇有特别重要的意义。

#### 2. 交单结汇

交单结汇是指出口人（信用证的受益人）在信用证到期日前和交单期限内向指定银行提交符合信用证条款规定的单据，经银行审核确认无误后，根据信用证规定的付款条件，将出口货物销售获得的外汇按售汇之日中国银行外汇牌价的买入价卖给银行。我国出口结汇的做法主要有"收妥结汇"、"定期结汇"和"买单结汇"。

(1)“收妥结汇”又称“先收后结”,是指出口地银行收到出口企业提交的单据,经审核确认与信用证条款规定相符后,将单据寄交国外付款行索偿,待付款行将外汇划给出口地银行后,该行再按当日外汇牌价结算成人民币交付给出口企业。

(2)“定期结汇”是指出口地银行在收到出口企业提交的单据经审核无误后,将单据寄给国外银行索偿,并自交单日起在事先规定期限内将外汇货款结算成人民币贷记受益人帐户或交付给出口企业。

(3)“买单结汇”又称“出口押汇”或“议付”,是指议付行在审核单据后确认出口企业所交单据符合信用证条款规定的情况下,按信用证条款买入出口企业的汇票和/或单据,按照票面金额扣除从议付日到估计收到票款之日的利息,将净数按议付日人民币市场汇价折算成人民币,付给出口企业。

### (五)出口收汇监管和出口退税

根据国务院、国家外汇管理局和国家税务总局等的有关规定,我出口企业在办理货物装运出口与制单结汇后,应在外汇管理服务平台上进行预收报告和出口退税。出口收汇监管是外汇管理局、出口单位、银行及税务机关通过跟踪收汇,共同对出口收汇进行监督管理。

我国对出口的已纳税产品,在报关离境后,将其在生产环节已纳的增值税、消费税退还给出口企业。出口退税是提高货物的国际竞争能力、避免国际双重征税的有力措施。企业申报退税的期限为470天。

## 二、外贸B2B的进口业务履约流程

进口合同的履行是指买方按照合同和法律规定,办理接货、付款、复验、报关、纳税等一系列事宜的过程。由于我国进口合同主要以FOB和信用证条件成交,进口商一般要经过申请开立信用证、租船订舱、派船接运货物、催装、投保货运险、审单和付汇、进口报检报关、换单提货以及进口索赔等环节。

**1. 申请开立信用证**

进口合同签订后,按照合同规定的开证时间向银行申请开立信用证。根据合同条款填写开证申请书,递交有关的合同副本,缴付开证保证金。如果合同未明确规定买方开立信用证的时间,通常买方应在装运期前15~20天开证,以便卖方备货和办理其他手续,确保按时装运。开证时应该注意信用证的种类、金额、汇票的付款人和付款期限、运输单据、其他单据以及信用证的开证时间。如果出口商向进口商提出修改信用证,经进口商同意后,进口商向银行申请办理改证手续。信用证修改后,银行即受该修改后的信用证约束。出口商收到信用证修改通知书后,可自行决定接受或拒绝全部的修改内容。

### 2. 租船订舱、派船接运货物与催装

以 FOB 条件进口，应由买方负责租船订舱，派船到对方口岸接运货物。卖方在交货前一定时间内，将预计装运日期通知买方。买方在接到卖方的备货通知后，即委托货运公司代办租船订舱。在办妥租船订舱手续后，及时将船名和船期通知卖方，以便卖方备货装船，同时应随时了解和掌握卖方备货和装运前的准备工作进度，注意催促卖方按时装运，避免出现船等货的情形。

### 3. 投保货运险

履行 FOB 交货条件下的进口合同，保险由买方办理。以中国进口为例，凡是进口货物均由我进出口公司委托中国对外贸易运输公司办理，并由外运公司同中国人民保险公司签订预约保险合同，其中对各种货物应保的险别作了具体规定。按照预约保险合同的规定，所有按进口 FOB 货物的保险，都由中国人民保险公司承保。因此，每批进口货物，在收到国外装船通知后，将船名、提单号、开船日期、商品名称、数量、装运港、目的港等项内容通知保险公司，即作为已办妥保险手续。

### 4. 审单付汇

付汇是指银行审核用汇单位提供的有效凭证和商业单据后，从其外汇账户或将买入的外汇向境外支付的行为。在开证银行收到国外议付行寄来的全套结汇单证后，对照信用证的规定，核对单据的份数和内容。如单证相符，即由开证银行对国外议付行付款。同时开证行按照付款当天的外汇牌价向进口方索款交单，进口方买汇赎单。如审核单证却发现单证不符，则立即要求交单方改证或退还不符单据。

### 5. 报关报检与提货

进口货物运抵后，由进出口公司在国际贸易单一窗口提交报关委托书、到货通知书、提货单、发票、装箱单、原产地证书、保险单、合同等办理报关报检。办理报检手续后，港务局要在卸货时对货物进行核对和检验，发现短缺，要填制短缺报告交船方签认，并向船方提出保留索赔权的书面证明；发现残损，应存放海关仓库，待保险公司会同商检机构检验后作出处理。对来自疫区，可能有传染病、疫情，可能夹带有害物质的入境货物的交通工具或运输包装进行检疫、消毒处理。通关完毕后，在规定的时间和地点，实施检验，合格货物签发检验检疫证书，不合格的签发检验检疫处理通知书。

### 6. 纳税

海关按照《中华人民共和国海关进口税则》的规定，对进口货物计征进口税。税种（含代征）有关税、产品税、增值税、工商统一税、地方附加税与进口调节税等。进口关税计税前要将审定的 CIF 完税价格折算成人民币。

### 7. 索赔

(1)进口商品常因品质、数量、包装等不符合合同的规定,而需向有关方面提出索赔。有以下三种情况:

①向卖方索赔。凡属下列情况者,均可向卖方索赔:原装数量不足;货物的品质、规格与合同规定不符;包装不良致使货物受损;未按期交货或拒不交货;等等。

②向承运人索赔。凡属下列情况者,均可向承运人索赔:原装数量少于提单所载数量;提单是清洁提单,而货物有残缺情况,且属于船方过失所致;货物所受的损失,根据租船合约有关规定应由船方负责;等等。

③向保险公司索赔。凡属下列情况者,均可向保险公司索赔:由于自然灾害、意外事故或运输中其他事故的发生致使货物受损,并且属于承保险别范围以内的;凡轮船公司赔偿金额不足抵补损失的部分,并且属于承保范围内的损失。

(2)在进口业务中,办理对外索赔时一般应注意以下几个方面:

①关于索赔证据。首先,应备妥索赔清单,随附商检机构签发的检验证书、发票、装箱单副本。其次,对不同的索赔对象还要另附有关证件。向卖方索赔时,应在索赔证件中提出确切根据和理由,如系 FOB 合同,尚须随附保险单一份;向承运人索赔时,须另附由船长及港务局理货员签字的理货报告和船长签字的短卸或残损证明;向保险公司索赔时,须另附保险公司与买方的联合检验报告等。

②关于索赔金额。除受损商品的价值外,有关的费用也可提出。如商品检验费、装卸费、银行手续费、仓租与利息等,都可包括在索赔金额内。

③关于索赔期限。对外索赔必须在合同规定的索赔有效期限内提出,过期无效。如果商检工作可能需要更长的时间,可向对方要求延长索赔期限。

④关于卖方的理赔责任。进口货物发生了损失,除属于承运人及保险公司的赔偿责任外,如属卖方必须直接承担的职责,应直接向卖方要求赔偿。

当前,我国的进口索赔工作,属于承运人和保险公司责任的由外运公司代办;属于卖方责任的由进出口公司直接办理。为了做好索赔工作,要求进出口公司、外运公司、订货部门、商检局等各有关单位密切协作,要做到检验结果正确,证据属实,理由充实,赔偿责任明确,并要及时向有关方面提出,力争把货物所受到的损失如数取得补偿。

### 8. 进口付汇监管

进口付汇监管是在海关的配合和外汇指定银行的协助下,由外汇管理局对进口单位的进口付汇实施跟“单”直至到货的全过程监管。进口企业在外汇管理服务平台上提交预付报告。

# 任务二　结算国际货款

在国际贸易中,卖方交货与买方付款是双方承担的基本义务。国际货款结算,即货款的收付,是国际货物买卖合同的主要交易条件,是买卖合同中的一个重要组成部分。国际货款结算涉及结算工具(现金、票据)与结算方式(汇付、托收与信用证)等。

国际货款的收付采用现金结算使用较少,大多使用票据结算。票据是以支付金钱为目的的证券,是由出票人签名于票据上,约定由自己或另一人无条件地支付确定金额的可流通转让的证券。票据可分为汇票、本票和支票三种,在国际货款结算中,主要使用汇票,有时也使用本票和支票。

## 一、汇票

汇票作为票据的典型代表,最能体现票据所具有的支付、信用和融资等各种经济功能。我国《票据法》的主体内容是对汇票的规定,各国都将汇票在其本国的票据法中作出详细、具体的规定。

### (一)汇票的定义和必备内容

我国的《票据法》第十九条规定:“汇票是出票人签发的,委托付款人在见票时,或者在指定日期无条件支付确定的金额给收款人或者持票人的票据。”按照各国普遍参照或引用的英国票据法所下的定义,汇票是“由一人签发给另一人的无条件书面命令,要求受票人见票时或于未来某一规定的或可以确定的时间,将一定金额的款项支付给某一特定的人或其指定人,或持票人”。

汇票必须要式齐全,即应当具备必要的形式和内容。《中华人民共和国票据法》第二十二条规定了汇票的七项必备内容:

(1)表明“汇票”的字样;

(2)无条件支付命令;

(3)确定的金额;

(4)付款人名称或商号;

(5)收款人名称或商号;

(6)出票日期;

(7)出票人签章。

汇票上未记载上述规定事项中任何一项,汇票则视为无效。

### (二)汇票的种类

汇票从不同角度可分为如下几类:

1. 按出票人的不同分类

按出票人的不同,汇票可以分为银行汇票和商业汇票。

银行汇票(banker's draft)是出票人和付款人均为银行的汇票。商业汇票(commercial draft)是出票人为企业法人、公司、商号或者个人,付款人为其他商号、个人或者银行的汇票。

2. 按付款时间的不同分类

按付款时间的不同,汇票可分为即期汇票和远期汇票。

即期汇票(sight bill,demand bill, sight draft)指持票人向付款人提示后对方立即付款,又称见票即付汇票。远期汇票(time bill,usance bill)是在出票一定期限后或特定日期付款。

远期汇票付款时间的规定方法:①定日付款;②出票后定期付款(at 30 days after date of draft);③见票后定期付款(at 30 days after sight);④运输单据日后定期付款(at 30 days after date of bill of lading)。上述四种远期汇票付款日期的方法中,第三种使用最多。

3. 按有无附属单据分类

按有无附属单据,汇票可分为光票和跟单汇票。

光票(clean bill)是汇票本身不附带货运单据,银行汇票多为光票。跟单汇票(documentary bill)又称信用汇票、押汇汇票,是需要附带提单、保险单、商业发票等单据,才能进行付款的汇票。商业汇票多为跟单汇票,在国际贸易中经常使用。

4. 按承兑人不同分类

按承兑人不同,汇票可分为商业承兑汇票和银行承兑汇票。

商业承兑汇票(commercial acceptance bill)是以工商企业或个人为承兑人的远期汇票。银行承兑汇票(banker's acceptance bill)是指承兑人是银行的远期汇票。

一张汇票通常同时具备几种属性,例如一份商业汇票,可以同时又是即期的跟单汇票或远期的银行承兑跟单汇票或远期的商业承兑跟单汇票。

### (三)汇票的使用

汇票的使用即汇票的票据行为依其是即期还是远期而有所不同。即期汇票只需经过出票、提示和付款的程序。而远期汇票还须经过承兑手续;如需流通转让,通常要经过背书;汇票遭到拒付时,还要涉及做成拒绝证明,依法行使追索权等法律问题。

1. 出票

出票(draw/issue)是指出票人签发汇票并将其交给收款人的票据行为。出票由两个动作组成,一是由出票人写成汇票,或填上票据必备内容,并且在汇票上签字;二是由出票人将汇票交给收款人,方始生效。

在签发汇票时，对于收款人即抬头这一栏，通常有三种写法：

（1）限制性抬头：例如“仅付××公司”（pay... Co. only）或“付给××公司，不准转让”（pay... Co. Ltd. , not negotiable），这样抬头的汇票不能流通转让，仅由指定公司收取票款。

（2）指示性抬头：例如“付××或指定人”（pay ××Co. or order 或 pay to the order of ××）。这样抬头的汇票，除××公司可以收取票款外，也可以经过背书转让给第三者进行转让。

（3）持票人或者来人抬头，例如“付给来人”（pay bearer）或“付给持票人”（pay to bearer）。做成这种抬头的汇票无须由持票人背书，仅凭交付即可转让。

2. 提示

提示（present）是指收款人或持票人向付款人出示汇票要求付款或承兑的行为，可分为两种：

（1）提示承兑，是指远期汇票持票人向付款人出示汇票，并要求付款人承诺付款的行为；

（2）提示付款，是指汇票持票人向付款人或远期汇票的承兑人出示汇票，要求付款人付款或承兑人付款的行为。

3. 承兑

承兑（accept）是指远期汇票付款人在持票人进行承兑提示时，承诺在汇票到期日支付汇票金额的票据行为。我国《票据法》规定：汇票付款人应当自收到提示承兑的汇票之日起 3 日内承兑或则拒绝承兑；付款人承兑汇票时不能附有条件，否则视为拒绝承兑。汇票一经承兑，付款人成为主债务人，出票人成为从债务人。

4. 付款

付款（pay）是指汇票付款人接到付款提示时，向持票人支付汇票金额以履行付款义务的行为。即期汇票在付款人见票时即付；远期汇票于到期日在持票人提示付款时由付款人付款。持票人获得付款时，应当在汇票上签收，并将汇票交给付款人作为收据存查。汇票一经付款，汇票上的一切债权债务即告结束。

5. 背书

背书（endorse）是指在票据背面或者粘单上记载有关事项经签章后交付给受让人的行为。背书方式有限制性背书、空白背书和特别背书三种。

6. 拒付与追索

付款时间不同的即期汇票与远期汇票均有可能遭到拒付。

拒付（dishonor）又称退票，是指持票人提示汇票要求承兑或付款时遭到拒绝承兑或付款的行为。拒付包括拒绝承兑和拒绝付款。付款人拒付并不使他对持票人负有责任,除非对远期汇票已承兑(承兑人必须对远期汇票承担到期付款的责任,否则可被持票人和出票人追索)。汇票被拒付持票人可以向承兑人、所有前手直至出票人追索。行使追索权时,应将拒付事实书面通知前手,并提供被拒绝承兑或被拒绝付款的证明和退票理由书。

**7. 贴现**

贴现(discount)是商业承兑汇票或银行承兑汇票的持票人,将尚未到期的汇票背书转让给银行兑换现款,银行从票面金额中扣除按贴现率计算的贴现利息(即贴现价格)后付给持票人余款的行为。贴现后,票据归贴现银行所有。

## 二、汇付

国际货款结算的基本方式有汇付、托收和信用证三种。汇付和托收这两种支付方式都是由买卖双方根据进出口合同互相提供信用,故属于商业信用。信用证是银行为买卖双方提供信用,在性质上属于银行信用。

### (一)汇付的含义

汇付(remit)又称汇款,是指汇款人向汇出行申请汇款,汇出行接受汇款人的委托,将款项委托书寄交汇入行或以密押电报通知汇入行,授权汇入行按额付款给收款人。采用汇付方式结算货款,卖方将货物发运给买方后,有关货运单据由卖方自行寄送买方;而买方则径自通过银行将货款汇交给卖方。由于汇款业务中结算工具(委托通知、票据)的传递方向与资金的流向相同,故属顺汇性质。

### (二)汇付方式的当事人

汇付方式涉及四个基本当事人:

(1)汇款人(remitter)即付款人。在国际贸易结算中,通常是进口人,买卖合同的买方或其他经贸往来中的债务人。

(2)汇出行(remitting bank)是接受汇款人的委托或申请,汇出款项的银行,通常是进口人所在地的银行。

(3)汇入行(receiving bank)又称解付行,即接受汇出行的委托,解付汇款的银行。通常是汇出行的代理行,出口人所在地的银行。

(4)收款人(payee)通常是出口人,买卖合同的卖方或其他经贸往来中的债权人。

### (三)汇付方式的种类及其业务程序

汇款根据汇出行向汇入行转移资金发出指示的方式,可分为三种方式:

(1)电汇(telegraphic transfer,T/T)是汇出行应汇款人的申请,拍发加押电报、电传、环球银行间金融电讯网络(SWIFT)等电讯手段给在另一国家的分行或代理行(即汇入行)发出付款委托通知书,委托它解付一定金额的款项给收款人的一种汇款方式。电汇方式到款速度快,但其费用较高。

(2)信汇(mail transfer,M/T)是汇出行应汇款人的申请,用航空信函的形式,以信汇委托书或支付通知书作为结算工具,指示出口国汇入行解付一定金额的款项给收款人的汇款方式。信汇费用较低廉,但收到汇款的时间较迟。

(3)票汇(remittance by banker's demand draft,D/D)是以票据作为结算工具的一种汇付方式。一般是指汇出行应汇款人的申请,代汇款人开立以其分行或代理行为解付行的银行即期汇票,支付一定金额给收款人的汇款方式。票汇的汇入行无须通知收款人取款,而由收款人持票登门取款,这种汇票除有限制流通的规定外,经收款人背书,可以转让流通。

汇付的三种方式所使用的结算工具(委托通知或汇票)的传送方向与资金的流动方向是相同的,因此都属于顺汇。

### (四)汇付方式在进出口业务中的应用

在进出口贸易使用汇付方式结算货款的过程中,银行介于其间但只提供服务而不提供信用,使用汇付方式完全取决于交易中的一方对另一方的信任,并在此决策上向对方提供信用和进行资金融通。提供信用的一方所承担的风险较大,所以主要用于定金、货款尾数、佣金和费用等的支付;对本企业的联号或分支机构和个别极可靠的客户用于赊账交易(如预付货款、货到付款、随订单付现等);大宗交易使用分期付款或延期付款时,其货款支付也常采用汇付方式。

## 三、托收

### (一)托收的含义

托收(collection)是指出口人(债权人)先行发货,开立以买方为付款人的汇票,或随附主要有关单据(如提单、保险单、发票等),委托出口地银行通过其在进口地的分行或代理行向进口人(债务人)收取货款的一种结算方式。

### (二)托收方式的当事人

托收方式的基本当事人有四个,分别是:

(1)委托人(principal),即开出汇票(或不开汇票)委托银行向国外付款收款的出票人,通常是卖方。

(2)托收行(remitting bank),即委托人的代理人,是接受委托人的委托转托国外银行向国外付款人代为收款的银行,通常是出口地银行。

(3)代收行(collection bank),即托收行的代理人,是接受托收行的委托代向付款人收款的银行,通常是进口地银行。

(4)付款人(drawee, payer),即受票人,通常就是买卖合同的买方。

在托收业务中,有时还可能有提示行与需要时代理。提示行(presenting bank)是向付款人提示汇票/或单据的银行,一般是与托收行有代理关系的代收行。需要时代理(principal's representative in case of need)是委托人指定的在付款地代为照管货物存仓、转售、运回或改变交单条件等事宜的代理人。

### (三)托收的种类和业务程序

根据托收时是否向银行提交货运单据,可分为光票托收和跟单托收两种。

光票托收是指托收时如果汇票不附任何货运单据,而只附有"非货运单据"(发票、垫付清单等)。这种结算方式多用于贸易的从属费用、货款尾数、佣金、样品费的结算和非贸易结算等。

跟单托收是指出口商将汇票连同货运单据(包括提单、发票、保险单和商检证等)一并交给托收银行,委托其代收票款的托收方式。跟单托收根据交单条件的不同,又可分为付款交单和承兑交单两种。

付款交单(documents against payment)是出口人的交单以进口人的付款为条件,即出口人将汇票连同货运单据交给银行托收时,指示银行只有在进口人付清货款时,才能交出货运单据。按支付时间的不同,付款交单又分为即期付款交单(D/P sight)和远期付款交单(D/P after sight)。即期付款交单指出口方开具即期汇票,由代收行向进口方提示,进口方见票后即须付款,货款付清时,进口方取得货运单据。远期付款交单指出口方开具远期汇票,由代收行向进口方提示,经进口方承兑后,于汇票到期日或汇票到期日以前,进口方付款赎单。远期汇票的付款日期又有"见票后××天付款"、"提单日后××天付款"和"出票日后××天付款"三种规定方法。但在有的国家还有"货到后××天付款"的规定方法。在远期付款交单条件下,进口人为了不占用资金或减少占用资金的时间,或为了抓住有利行市转售货物,于远期汇票到期前或在付款以前凭信托收据借取货运单据先行提货。信托收据是进口人借单时提供一种书面信用担保文件,用来表示愿意以代收行的受托人身份代为提货、报关、存仓、保险、出售并承认货物所有权仍属于银行。货物售出后所得的货款在汇票到期日偿还代收银行,收回信托收据。这种做法可以成为远期付款交单凭信托收据借单(D/P·T/R)。如接触货运单据后,发生汇票到期不能收到货款,代收银行应对出口人和托收银行负责。如经由出口人主动通过托收银行授权办理,则由出口人自担责任。

承兑交单(documents against acceptance,D/A)是指出口人的交单以进口人在汇票上承兑为条件。出口人在装运货物后开具远期汇票,连同商业单据,通过银行向进口人提示,进口人承兑汇票后,代收银行即将商业单据交给进口人,在汇票到期时,方履行付款义务。

### (四)国际商会《托收统一规则》(国际商会第522号出版物)

在托收业务中,银行与委托人之间的关系,往往由于各方对权利、义务和责任有不同解释,加上不同银行的具体做法也有差异,从而导致分歧或争议。国际商会曾于1958年草拟《商业单据托收统一规则》(The Uniform Rules for Collection, ICC Publication No. 322);1995年再次修订,称为《托收统一规则》国际商会第522号出版物(以下简称URC522),1996年1月1日实施。URC522自公布实施以来,被各国银行所采用,以消除托收业务中的矛盾,以利业务的开展。URC522全文共26条,分为总则、托收形式和结构、提示方式、义务和责任、付款、利息和手续费及其他费用、其他规定七个部分。URC522主要内容包括:①明确规定"URC"的适用条件;②详细规定托收指示书的内容;③列明银行负责条款。

### (五)托收的性质、利弊与使用时应该注意的问题

托收是基于商业信用,托收行和代收行的责任仅限于及时向付款人提示汇票,并在遭拒付时及时把详细情况通知委托人,他们对汇票的付款人(受票人)拒绝付款或拒绝承兑不承担任何责任。

对买方有利:免去开信用证的手续,不必预付银行押金,减少费用支出;若采用远期付款交单和承兑交单,还可以享受借单提货和承兑交单提货的融资便利。对卖方不利:先发货后付款,收汇风险大(D/A大于D/P);货物被拒收的被动;支付托收费用;无单放货风险(特别是FOB条件下)。

使用托收方式,须调查和考虑进口商的资信情况及经营作风,成交金额不能太大,一般只接受D/P;可要求买方预付一部分货款,作为跟单托收方式的条件。代收行不能由进口人指定。了解进口国家的贸易惯例、贸易管制和外汇条例,以免货到目的地后我方陷入被动,影响我方安全迅速收汇。在托收方式下,应争取CIF、CIP价格条件成交,在买方未偿付货款前货物出险,可独自向保险公司索偿。或装船前投保卖方利益险或出口信用险。买方签回销售确认书或合同后再办理装运,严格按合同规定装运货

物和制单,以防进口人找借口拒付货款。

为减少风险,采用国际铁路、空运、邮包等运输方式及海运下使用海运单时不宜采用托收。货运单据做空白抬头并背书,预先在进口地安排可靠的代理人(需要时代理),在发生拒付时由代理人出面料理。可要求买方预付部分货款,作为跟单托收条件。未经银行事先同意,不能把货物直接发给代收行或以代收行为收货人。在我国进口业务中使用托收方式时,在进口合同中不应作出委托人所在国以外的银行费用由付款人负担的规定(各有关银行受托接办的业务费用,应由委托人负担)。

## 四、信用证

国际贸易买卖中的买卖双方之间普遍互不信任,信用证应运而生,并成为国际贸易结算中得到广泛使用的最为重要的一种结算方式。

### (一)信用证的定义

信用证(letter of credit),意指一项约定,无论其如何命名或描述,该约定不可撤销,并因此构成开证行对于相符提示予以兑付的确定承诺。简而言之,信用证就是由开证行根据开证申请人的请求或开证行以自身的名义,向受益人开立的有一定金额和在一定期限内凭规定单据在指定地点支付的凭证。其实质是银行代表客户(进口商)有条件地承担付款责任的书面凭证。

### (二)信用证的特点

根据 UCP600 的规定,信用证具有以下三个主要特点:

(1)信用证是一种银行信用,开证行负首要付款责任(primary liabilities for payment)。

(2)信用证是独立契约,独立于买卖合同,是自足文件(self-sufficient instrument)。

(3)信用证是纯单据的业务,遵守单单相符、单证相符的“严格符合”原则。

### (三)信用证的当事人

信用证的基本当事人有开证申请人、开证行和受益人,此外,还有其他关系人、通知行、议付行和付款行等。

开证申请人(applicant)又称开证人(opener),一般为进口人,是信用证交易的发起人。开证行(opening bank;issuing bank)一般是进口地的银行,开立信用证后,承担第一付款责任。受益人(beneficiary)一般为出口人,是信用证的收件人(addressee)和信用证的使用者。可以按信用证要求,签发汇票向付款行索取货款。

通知行(advising bank;notifying bank)一般为出口人所在地的银行,通常是开证行的代理行。仅承担通知收件人和鉴别信用证表面真实性义务。议付行(negotiating bank)又称押汇银行、购票银行或贴现银行,作为善意持票人对出票人(受益人)具有追索权。可分为限制议付和自由议付。付款行(paying bank;drawee bank)又称受票银行,开证行一般兼为付款行。

在上述信用证的当事人中,付款行和议付行均为开证行所指定的银行。

### (四)信用证的业务流程

信用证的业务流程基本上要经过申请、开证、通知、议付、索偿、赎单等环节。现以最为常见的即期跟单议付信用证为例,其收付程序为:

(1)开证申请人根据合同填写开证申请书并交纳押金或提供其他保证,向开证行申请开证。

(2)开证行根据申请书内容,向受益人开出信用证并寄交出口人所在地通知行。

(3)通知行核对印鉴无误后,将信用证交受益人。

(4)受益人审核信用证内容与合同规定相符后,按信用证规定装运货物、备妥单据并开出汇票,在信用证有效期内,送议付行议付。

(5)议付行按信用证条款审核单据无误后,把货款垫付给受益人。

(6)议付行将汇票和货运单据寄开证行或其特定的付款行索偿。

(7)开证行核对单据无误后,付款给议付行。

(8)开证行通知开证人付款赎单。

### (五)信用证的种类

按UCP600,信用证即使未作明示,也是不可撤销的。以此为基础,信用证可从不同角度进行分类:

(1)根据付款凭证的不同,信用证可分为跟单信用证及光票信用证。

①跟单信用证(documentary credit)是指凭跟单汇票或仅凭单据付款、承兑或议付的信用证。此处单据指代表货物所有权的单据(如海运提单等),或证明货物已装运的单据,即运输单据以及商业发票、保险单据、商检证书、产地证书、包装单据等。

②光票信用证(clean credit)是指开证行仅凭受益人开具的汇票或简单收据而无需附带货运单据付款的信用证。银行凭光票信用证付款,也可要求受益人附交一些非货运单据,如发票、垫款清单等。

在国际贸易的货款结算中,绝大部分使用跟单信用证。光票信用证常用于总分公司间货款清偿和非贸易的费用结算。

(2)以有无另一银行加以保证兑付为依据,可以分为保兑信用证与非保兑信用证。

①保兑信用证(confirmed L/C)是指另一家银行即保兑行,应开证行请求,对其所开信用证参加负责,保证兑付的信用证。保兑行以"本人"身份对受益人独立负责,付款或议付后对受益人或其指定人无追索权。

②非保兑信用证(unconfirmed L/C)又称不保兑信用证,是指未经开证行以外的其他银行保兑的信用证。

(3)根据付款时间不同,可以分为即期信用证和远期信用证。

①即期信用证(sight L/C)是指开证行或其指定的付款行收到符合信用证条款的跟单汇票或装运单据后,即予付款的信用证。

②远期信用证(usance L/C)是指开证行或其指定的付款行收到符合信用证条款的单据后,在规定期限内履行付款义务的信用证。在实际业务中,有一种假远期信用证可按即期议付。假远期信用证(usance credit payable at sight)又称买方远期信用证,是指信用证规定受益人开立远期汇票,由付款行负责贴现,并规定一切利息和费用由开证人承担。这种信用证对受益人来讲,实际上仍属即期收款。

(4)根据受益人是否有权将信用证转让给其他人,可分为可转让信用证和不可转让信用证。

①可转让信用证(transferable L/C)是指信用证特别规定是可转让的。可转让信用证可按受益人(第一受益人)的请求,使其全部或部分供另一受益人(第二受益人)兑付。开证行在信用证中要明确注明"可转让"(transferable),且只能转让一次。

②不可转让信用证是指受益人无权转让给其他人使用的信用证。凡信用证中未注明"可转让",均是不可转让信用证。

(5)其他信用证类型

①循环信用证(revolving L/C)是指受益人在一定时间内利用信用证规定金额后,能够重新恢复到原金额,并可再次使用,如此循环往复,直至达到该证规定次数或累计总金额用完为止。循环信用证的具体做法有自动式循环、非自动循环和半自动循环三种。

②对开信用证(reciprocal L/C)指两张信用证申请人互以对方为受益人而开立的信用证。两张信用证的金额相等或大体相等,可同时互开,也可先后开立。它多用于易货贸易或来料加工和补偿贸易业务。

③背对背信用证(back to back L/C)又称转开信用证,指受益人要求原证的通知行或其他银行以原证为基础,另开一张内容相似的新信用证,背对背信用证的开证行只能根据不可撤销信用证来开立。背对背信用证的开立通常是中间商转售他人货物,或两国不能

直接办理进出口贸易时,通过第三者以此种办法来沟通贸易。原信用证的金额(单价)应高于背对背信用证的金额(单价),背对背信用证的装运期应早于原信用证的规定。

④预支信用证/打包信用证(anticipatory credit/packing credit)指开证行授权代付行(通知行)向受益人预付信用证金额的全部或一部分,由开证行保证偿还并负担利息,即开证行付款在前,受益人交单在后,与远期信用证相反。预支信用证凭出口人的光票付款,也有要求受益人附一份负责补交信用证规定单据的说明书,当货运单据交到后,付款行在付给剩余货款时,将扣除预支货款的利息。

⑤备用信用证(standby credit)又称商业票据信用证(commercial paper credit)、担保信用证,是指开证行根据开证申请人的请求对受益人开立的承诺承担某项义务的凭证。开证行保证在开证申请人未能履行其义务时,受益人只要凭备用信用证的规定并提交开证人违约证明,即可取得开证行的偿付。它是银行信用,对受益人来说是备用于开证人违约时取得补偿的一种方式。

### (六)信用证的基本内容

信用证的基本内容通常包括以下内容:

(1)对信用证本身的说明,如信用证的当事人,种类性质和编号、金额、开证日期、到期日、到期地点、交单期限等。

(2)货物条款,如货物名称、规格、数量、包装、价格等。

(3)装运和保险条款,如装运港或启运地、卸货港或目的地、装运期限、可否分批装运、可否转运等,CIF 或 CIP 条件下的投保金额和险别等。

(4)单据条款,通常要求提交:①货物单据,如商业发票、装箱单、重量单、产地证、检验证书等;②运输单据,如海运提单、联合运输提单、简式运输单据等;③保险单据,如保险单。

(5)汇票条款,包括汇票的种类、出票人、受票人、付款期限、出票条款及出票日期等。

(6)特殊条款:视具体交易的需要各异。如要求通知行加保兑,限制由某银行议付,限装某船或不许装某船,不准在某港停靠或不准采取某条航线,俟具备某条件后信用证方始生效。

(7)开证行责任条款,开证行签字和密押等。

### (七)信用证的开立方式

银行对外开立信用证通常采用三种方式:信开信用证、简电开证和全电开证。

(1)信开信用证:开证行根据开证申请人的要求,将信用证的全部内容用信函方式开出,邮寄到通知行,再通知受益人。开证行与通知行之间应事先建立代理行关系,互换签字样本和密押,以便通知行可凭签字样本核对信开信用证上开证行的签字。这种开证方式时间长,但费用较低。对于装运日期较长或金额较小的信用证通常以信开方式开出。

(2)简电开证:开证行根据开证申请人的要求,将信用证的主要内容发电预先通知受益人。这种简电信用证只供受益人备货订仓参考,不能凭以装运货物,它也不是有效的信用证文件,银行不能凭以付款/承兑/议付。发出简电通知的开证行必须毫不延迟地向通知行寄送有效信用证文件,受益人方可凭以议付单据。

(3)全电开证:开证行根据开证申请人的要求,将信用证的全部内容以加注密押的电讯方式通知受益人所在地的银行,请其通知受益人的一种开证方式。当前,外汇指定银行大多用 SWIFT 电讯方式开证。

### (八)SWIFT 信用证

SWIFT 信用证也称环银电协信用证,是指凡通过 SWIFT 系统开立或予以通知的信用证。SWIFT 是"Society for Worldwide Interbank Financial Telecommunications"(全球银行间金融电讯协会)的简称,该组织是一个国际银行同业间非营利性的国际合作组织,专门从事传递各国之间非公开性的国际间的金融电讯业务,如外汇买卖、证券交易、开立信用证、办理信用证项下的汇票业务和托收等,同时兼理国际间的账务清算和银行间的资金调拨。SWIFT 有自动开证格式,在信用证开端标着 MT700、MT701 代号。采用 SWIFT 信用证必须遵守 SWIFT 的规定,也必须使用 SWIFT 手册规定的代号(Tag),而且信用证必须遵循国际商会 2007 年修订的《跟单信用证统一惯例》各项条款的规定。SWIFT 信用证的特点是用于大宗货物,买卖双方是长期合作伙伴,开证行和指定行关系良好,由受益人直接向开证申请人寄送正本单据。

### (九)《跟单信用证统一惯例》(国际商会第 600 号出版物)

跟单信用证方式是国际贸易结算中最主要的结算方式,有关商业习惯和做法不一阻碍了贸易,为促进国际贸易发展,国际商会制定《跟单信用证统一惯例》(国际商会第 600 号出版物)(*Uniform Customs and Practice for Documentary Credits, 2006 revision, I. C. C. Publication No. 600*),简称 UCP600。该惯例将一个环节涉及的问题归集在一个条款中,共有 39 条,对信用证有关当事人的权利和义务、信用证条款的规定以及操作等都作出了明确的解释。

## 五、不同结算方式下的支付条款

汇付、托收以及信用证的单一结算方式在合同中最为常用,规定方法示例如下:

### (一)汇付方式支付条款

采用汇付方式,须在合同中明确规定汇付的具体方式、时间、金额和途径等。如买方应不迟于20××年×月×日前将100%的货款以电汇的方式预付至卖方。[The buyer shall pay 100% of the sales proceeds in advance by T/T to reach the seller not later than ... (month)... (date), 20××.]

### (二)托收方式支付条款

在采用托收方式时,须订明托收种类,进口人的承兑和/或付款责任及付款期限等。如买方根据卖方开具的跟单汇票,于见票时立即付款,付款后交单。(Upon first presentation the Buyer shall pay against documentary draft drawn by the seller at sight. The shipping documents are to be delivered against payment only.)

### (三)信用证方式支付条款

采用信用证方式时,须在合同中明确规定信用证的种类、开证银行、金额、汇票付款日期、开证日期、信用证有效期和议付地点等。如买方应通过卖方所接受的银行于装运月份前××天开出并送达卖方不可撤销即期信用证,有效期至装运后15天在中国议付。(The buyer shall open through a bank acceptable to the seller an irrevocable sight letter of credit to reach the seller... days before the month of shipment, valid for negotiation in China until $15^{th}$ day after shipment.)

汇付、托收和信用证在买卖双方所承担的风险、资金占用的时间、手续繁简和银行费用等方面各不相同,在同一笔交易中选择两种或两种以上的结算方式组合使用可以加速资金周转,避开贸易风险。如信用证与汇付相结合、信用证与托收相结合、跟单托收与预付押金相结合、备用信用证与跟单托收相结合等。

# 任务三　制作进出口业务单证

## 一、出口业务单证制作

### (一)出口业务主要单证清单

出口业务主要单证清单如表2-1所示。

**表2-1　出口业务主要单证清单**

| 序号 | 单证 | 说明 | |
|---|---|---|---|
| 1 | 汇票 | 定义 | 是一人向另一人签发的无条件的书面支付命令,是卖方收取货款的重要工具 |
| | | 内容 | 汇票号码、汇票出票地点及日期、汇票金额、汇票期限、收款人、出票条款、付款人、出票人 |

续表

| 序 号 | 单 证 | 说 明 | |
|---|---|---|---|
| 2 | 商业发票 | 定义 | 简称发票，是卖方开给买方的货物清单 |
| | | 内容 | 出票人、受票人、运输说明（装卸地、运输方式、运输工具名称、转运及其地点、装运期）、发票号码、发票出票日期、合同号码、信用证号码、支付、唛头、货物名称、品质、包装、数量、价格、金额 |
| 3 | 装箱单 | 定义 | 简称箱单，由卖方开给买方有关货物包装的细节清单，是发票的补充单据 |
| | | 内容 | 出票人、受票人、发票号码、发票日期即箱单日期、唛头、货物名称、品质、包装、毛重、净重、体积、金额 |
| 4 | 海运托运单 | 定义 | 是出口商向船公司或其代理人订舱或委托订舱时需提交的单据 |
| | | 内容 | 发货人、收货人、通知人、分批装运和转运、运费预付/到付、装运日期、货物名称、品质、包装、总毛重、总净重、总体积 |
| 5 | 海运提单 | 定义 | 是承运人签发给托运人的货物收据，是物权的凭证 |
| | | 内容 | 托运人、收货人、通知人、运输方式、船名、航次、装卸港、转运港、运费支付地点、份数、唛头、货物名称、品质、包装、毛重、体积、提单种类、签发地点及日期、承运人 |
| 6 | 空运委托书 | 定义 | 是出口商向航空公司或其代理人订舱或委托订舱时需提交的单据 |
| | | 内容 | 发货人、出具日期、收货人、通知人、航班日期、运费、预付/到付、装卸港、货物名称、品质、包装、唛头、件数、毛重、净重、体积、委托人 |
| 7 | 出境货物报检单 | 定义 | 是报检人根据法律、行政法规或合同约定向检验机构对出境货物实施检验检疫、鉴定意愿的书面凭证 |
| | | 内容 | 报检单位、报检单编号、报检日期、发货人、收货人、货物名称、H. S. 编码、产地、数/重量、货物总值、包装种类及数量、运输工具名称号码、贸易方式、货物存放地点、合同号、信用证号、用途、发货日期、输往国家、许可证/审批号、启运地、到达口岸、生产单位注册号、集装箱规格、数量及号码、合同信用证定理的检验检疫条款、唛头、随附单据、需要证单名称、检验检疫费、报检人、领取证单日期、领取人 |
| 8 | 出口货物报关单 | 定义 | 是指出口企业于产品出口时，按照出口许可证和出口发票的内容向海关填报的单据 |
| | | 内容 | 海关编号、收货人、出境关别、出口日期、申报日期、备案号、收货人、运输方式、运输工具名称及航次号、提运单号、生产销售单位、监管方式、征免性质、许可证号、合同号、贸易国、运抵国、装货港、离境口岸、包装、毛重、净重、成交方式、运费、保费、杂费、随附单据及编码、标记唛码及备注、商品名称及规格型号、数量及单位、价格、币制、原产国、最终目的国、境内货源地、征免、报关人 |
| 9 | 一般原产地证 | 定义 | 简称产地证，是一种证明货物原产地或制造地的证件，是实行差别关税、分配和控制进口配额的依据。在我国由海关或中国国际贸易促进委员会（CCPIT）签发 |
| | | 内容 | 出口商、收货人、运输方式、路线、目的国、唛头、货物名称、品质、包装、H. S. 编码、数量、发票数量和日期、签证机构 |
| 10 | 商检证书 | 定义 | 用以证明货物品质、数量和卫生条件的证书，由海关出入境检验检疫机构出具 |
| | | 内容 | 日期，发货人（consignor），收货人（consignee），报检货物的品名、数量、重量、唛头 |

续表

| 序号 | 单证 | 说明 | |
|---|---|---|---|
| 11 | 保险单 | 定义 | 俗称大保单，是保险公司与投保人（被保险人）之间订立的保险合同 |
| | | 内容 | 被保险人、保险标的、运输工具、险别、起讫地点、保险期限、保险价值和保险金额、保险人责任范围以及保险人和被保险人的权利和义务 |
| 12 | 托收委托书 | 定义 | 出口商委托银行代其向进口商收取货款的书面文件 |
| | | 内容 | 受托人、托收委托日期、委托人、付款人、付款交单/承兑交单、发票号码、发票金额、国外费用承担人、国内费用承担人、单据种类及份数、出口商开户行、外汇账号、出口商 |
| 13 | 境内汇款申请书 | 定义 | 出口商向国际货运公司支付海运费或空运费、向保险公司支付保险费时所填写的申请 |
| | | 内容 | 出口商/进口商银行、日期、汇款方式、发电等级、申报号码、汇款币种及金额、外汇账号、购汇金额、汇款人、组织机构代码、收款银行之代理行、收款人、汇款附言、国内外费用承担、收款人常驻国家、付款方式、最迟装运日期、交易编码、相应币种及金额、申请人 |

## （二）出口方制单模板

### 1. 商业发票

商业发票如图 2-1 所示。

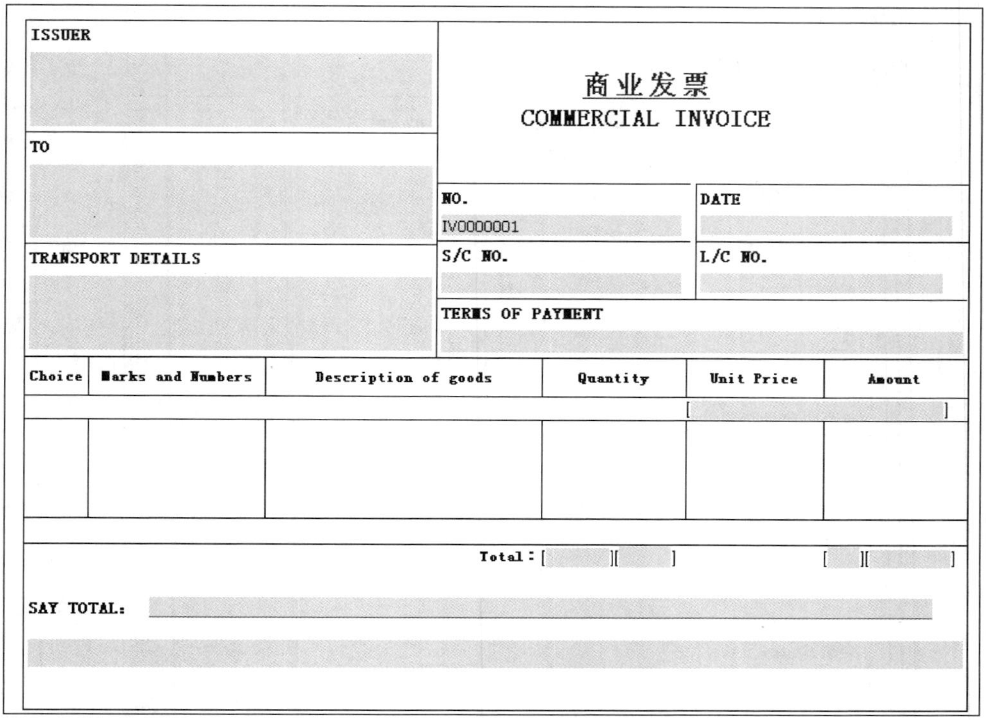


图 2-1 商业发票

### 2. 装箱单

装箱单如图 2-2 所示。

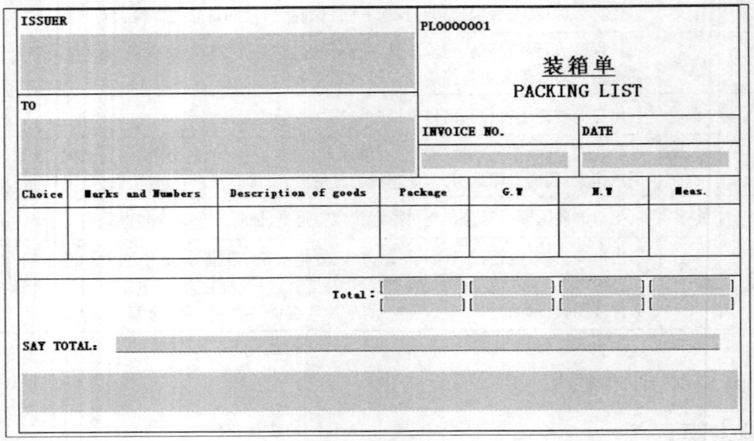

ISSUER

PL0000001

装箱单
PACKING LIST

TO

INVOICE NO. | DATE

| Choice | Marks and Numbers | Description of goods | Package | G.W | N.W | Meas. |
| --- | --- | --- | --- | --- | --- | --- |
| | | | | | | |

Total: [ ] [ ] [ ] [ ]
[ ] [ ] [ ] [ ]

SAY TOTAL:

图 2-2　装箱单

### 3. 国际空运委托书

国际空运委托书如图 2-3 所示。

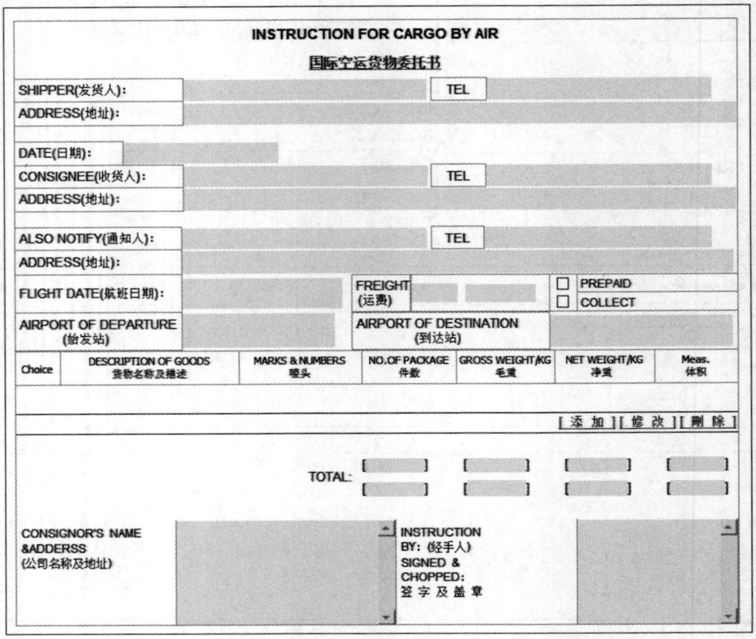

INSTRUCTION FOR CARGO BY AIR

国际空运货物委托书

SHIPPER(发货人):　TEL

ADDRESS(地址):

DATE(日期):

CONSIGNEE(收货人):　TEL

ADDRESS(地址):

ALSO NOTIFY(通知人):　TEL

ADDRESS(地址):

FLIGHT DATE(航班日期):　FREIGHT (运费)　☐ PREPAID　☐ COLLECT

AIRPORT OF DEPARTURE (始发站)　AIRPORT OF DESTINATION (到达站)

| Choice | DESCRIPTION OF GOODS 货物名称及描述 | MARKS & NUMBERS 唛头 | NO.OF PACKAGE 件数 | GROSS WEIGHT/KG 毛重 | NET WEIGHT/KG 净重 | Meas. 体积 |
| --- | --- | --- | --- | --- | --- | --- |
| | | | | | | |

[ 添 加 ][ 修 改 ][ 删 除 ]

TOTAL: [ ] [ ] [ ] [ ]
[ ] [ ] [ ] [ ]

CONSIGNOR'S NAME &ADDERSS (公司名称及地址)

INSTRUCTION BY: (经手人)
SIGNED & CHOPPED:
签 字 及 盖 章

图 2-3　国际空运委托书

#### 4. 出境货物报检单

出境货物报检单如图 2-4 所示。

**出境货物报检单**

报检单位（加盖公章）：　　　　*编　　号 EC0000010

报检单位登记号：　　联系人：　　电话：　　报检日期：　　年　　月　　日

| | | |
|---|---|---|
| 发货人 | （中文） | |
| | （外文） | |
| 收货人 | （中文） | |
| | （外文） | |

| 选择 | 货物名称（中/外文） | H.S.编码 | 产地 | 数/重量 | 货物总值 | 包装种类及数量 |
|---|---|---|---|---|---|---|
| | | | | | | |

| | | | | | |
|---|---|---|---|---|---|
| 运输工具名称号码 | | 贸易方式 | | 货物存放地点 | |
| 合同号 | | 信用证号 | | 用途 | |
| 发货日期 | | 输往国家(地区) | | 许可证／审批号 | |
| 启运地 | | 到达口岸 | | 生产单位注册号 | |
| 集装箱规格、数量及号码 | | | | | |

| 合同、信用证订立的检验检疫条款或特殊要求 | 标记及号码 | 随附单据（划“√”或补填） | |
|---|---|---|---|
| | | □合同<br>□信用证<br>□发票<br>□装箱单<br>□厂检单<br>□包装性能结果单 | □许可/审批文件<br>□报检委托书<br>□其他单据<br>□<br>□ |

| 需要证单名称（划“√”或补填） | | *检验检疫费 | |
|---|---|---|---|
| □品质证书　正　副<br>□重量证书　正　副<br>□数量证书　正　副<br>□兽医卫生证书　正　副<br>□健康证书　正　副<br>□卫生证书　正　副<br>□动物卫生证书　正　副 | □植物检疫证书　正　副<br>□熏蒸/消毒证书　正　副<br>□<br>□<br>□<br>□ | 总金额（人民币元） | |
| | | 计费人 | |
| | | 收费人 | |

| 报检人郑重声明： | 领取证单 | |
|---|---|---|
| 1. 本人被授权报检。<br>2. 上列填写内容正确属实，货物无伪造或冒用他人的厂名、标志、认证标志，并承担货物质量责任。<br>签名： | 日期 | |
| | 签名 | |

注：有“*”号栏由海关填写

图 2-4　出境货物报检单

### 5. 出口货物报关单

出口货物报关单如图 2-5 所示。

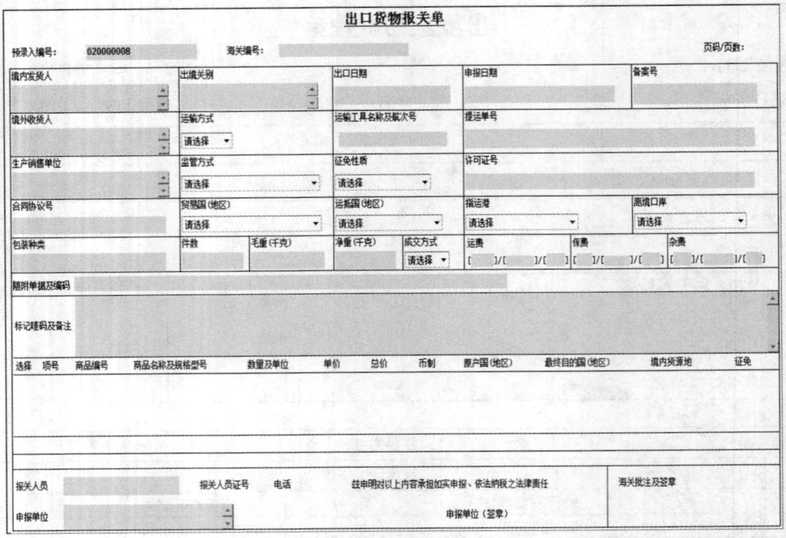


图 2-5　出口货物报关单

### 6. 一般原产地证/普惠制产地证

一般原产地证/普惠制产地证如图 2-6 和图 2-7 所示。

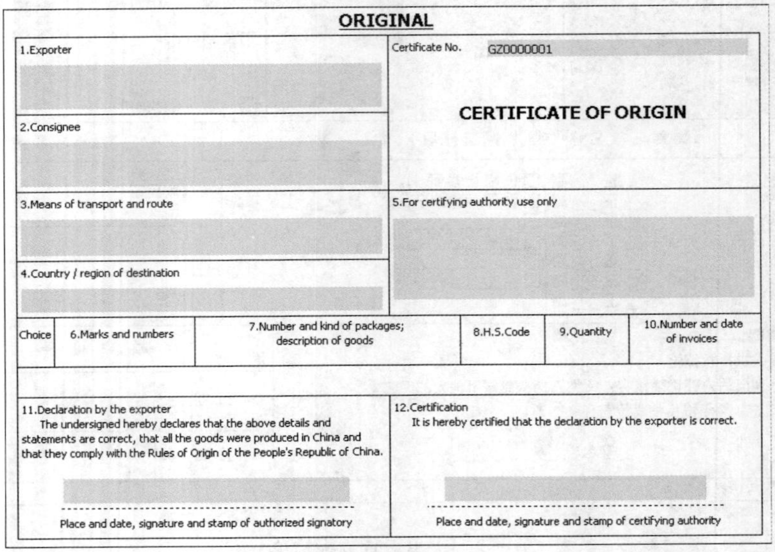


图 2-6　一般原产地证

**ORIGINAL**

| 1.Goods consigned from (Exporter's business name, address, country) | Reference No. GP/000/0002<br><br>**GENERALIZED SYSTEM OF PREFERENCES CERTIFICATE OF ORIGIN**<br>(Combined declaration and certificate)<br><br>**FORM A** |
|---|---|
| 2.Goods consigned to (Consignee's name, address, country) | |
| 3.Means of transport and route (as far as known) | 4.For official use |

| Choice | Item number | 6.Marks and numbers of packages | 7.Number and kind of packages; description of goods | 8.Origin criterion (see Notes overleaf) | 9.Gross weight or other quantity | 10.Number and date of invoices |
|---|---|---|---|---|---|---|
| | | | | | | |

| 11.Certification | 12.Declaration by the exporter |
|---|---|
| It is hereby certified, on the basis of control carried out, that the declaration by the exporter is correct.<br><br>**Place and date, signature and stamp of certifying authority** | The undersigned hereby declares that the above details and statements are correct, that all the goods were<br>produced in China<br>(country)<br>and that they comply with the origin requirements specified for those goods in the Generalized System of Preferences for goods exported to<br>(importing country)<br><br>**Place and date, signature and stamp of authorized signatory** |

图 2–7　普惠制产地证

**7. 托收委托书**

托收委托书如图 2–8 所示。

**托收委托书**

**COLLECTION ORDER**

致：　　　　　　　　　　日期：

托收行（Remitting Bank）：

代收行（Collecting Bank）
名称：
地址：

委托人（Principal）：

付款人（Drawee）：
名称：
地址：
电话：

付款交单 D/P □　　承兑交单D/A □
发票号码：
金额：[　][　]

国外费用承担人：□付款人　□委托人
国内费用承担人：□付款人　□委托人

| 单据种类 | 汇票 | 商业发票 | 海运提单 | 航空运单 | 保险单 | 装箱单 | 数量重量证书 | 健康证 | 植物检疫证书 | 品质证书 | 原产地证 | 普惠制产地证 | | | |
|---|---|---|---|---|---|---|---|---|---|---|---|---|---|---|---|
| 份数 | | | | | | | | | | | | | | | |

**付款指示：**
请将收汇款原币划入我司下列帐上：
开户行：　　　　帐号：

联系人姓名：
电话：　　　传真：　　　　**公司签章**

图2-8　托收委托书

8. 汇票

汇票如图2-9所示。

**BILL OF EXCHANGE**

No. 50000001　　　　Dated
Exchange for
At select Sight of this FIRST of Exchange
(Second of exchange being unpaid)
Pay to the Order of
the sum of
Drawn under L/C No.　　　　Dated
Issued by
To

(Authorized Signature)

图2-9　汇票

## 9. 境内汇款申请书

境内汇款申请书如图 2-10 所示。

**境 内 汇 款 申 请 书**

APPLICATION FOR FUNDS TRANSFERS (DOMESTIC)

致：TO：　　　　　　　　　　　　　　　　日期：DATE：

| | |
|---|---|
| □电汇 T/T □票汇 D/D □信汇 M/T | 发电等级 Priority　□ 普通 Normal □ 加急 Urgent |

| | | | |
|---|---|---|---|
| 申 报 号 码 BOP Reporting NO. | | | |
| 20 银 行 业 务 编 号 Bank Transac.ref.no. | | 收 电 行 / 付 款 行 Receiver/Drawn on | |
| 32A 汇 款 币 种 及 金 额 Currency & Interbank Settlement Amount | [ ][ ] | 金 额 大 写 Amount in Words | |
| 其中 现汇金额 Amount in FX | [ ][ ] | 帐号 Account NO./Credit Card NO. | |
| 其中 购汇金额 Amount of Purchase | [ ][ ] | 帐号 Account NO./Credit Card NO. | |
| 其中 其他金额 Amount og Others | | 帐号 Account NO./Credit Card NO. | |
| 50a 汇 款 人 名 称 及 地 址 Remitter's Name & Address | | | |
| □对公 组织机构代码 Urut Code | | □对私 | 个人身份证件号码 Individual ID No.<br>□中国居民个人 Resident individual □中国非居民个人 |
| 54/56a 收款银行之代理行名称及地址 Correspondent of Beneficitry's Bank Name & Address | | | |
| 57a 收 款 人 开 户 银 行 名称及地址 Beneticiary's Bank Name & Address | 收款人开户银行在其代理行帐号 Bene's Bank A/C NO. | | |
| 59a 收款人名称及地址 Beneticiary's Name & Address | 收款人帐号 Bene's A/C NO. | | |
| 70 汇 款 附 言 Remittance Information | 只限140个字位 Not Exceeding 140 Characters | 71A 国 内 外 费 用 承 担 All Bank's Charges if Any Are To Be Borne By | □汇款人 OUR □收款人 BEN □共同 SHA |

收款人常驻国家(地区)名称及代码 Resident Country/Region Name & Code

请选择:□预付货款 Advance Payment □ 货到付款 Payment Against Delivery □退款 Refund □ 其他 Other　最迟装运日期

| | | | | | |
|---|---|---|---|---|---|
| 交易编码 BOP Transac Code | | 相应币种及金额 Currency & Amount | [ ][ ] | 交易附言 Transac.Remark | |
| 是否为进口核销项下付款 | □是 □否 | 合同号 | | 发票号 | |
| 外汇局批件/备案表号 | | 报关单经营单位代码 | | | |
| 报关单号 | | 报关单币种及总金额 | | 本次核注金额 | |
| 报关单号 | | 报关单币种及总金额 | | 本次核注金额 | |

| 银 行 专 用 栏 For Bank Use Only | | 申 请 人 签 章 Applicant's Signature | | 银 行 签 章 Bank's Signature | |
|---|---|---|---|---|---|
| 购汇汇率 Rate | | 请按照贵行背页所列条款代办以上汇款并进行申报<br>Please Effect The Upwards Remittance,Subject To The Conditions Overleaf: | | | |
| 等值人民币 RMB Equivalent | | | | | |
| 手 续 费 Commission | | | | | |
| 电 报 费 Cable Charges | | | | | |
| 合 计 Total Charges | | 申请人姓名 Name of Applicant | | 核准人签字 Authorized Person | |
| 支付费方式 In Payment of the Remittance | □现金 by Cash<br>□支票 by Check<br>□帐户 from Account | 电话 Phone No. | | 日期 Date | |
| 核 印 Sig. Ver. | | 经 办 Maker | | 复 核 Checker | |

填 写 前 请 仔 细 阅 读 各 项 背 面 条 款 及 填 报 说 明

Please read the conditions and instructions overleaf before filling in this application

图 2-10　境内汇款申请书

## 二、进口业务单证制作

### (一)进口业务主要单证清单

进口业务主要单证清单如表2-2所示。

表2-2　进口业务主要单证清单

| 序号 | 单证 | 说明 | |
|---|---|---|---|
| 1 | 投保单 | 定义 | 又称“投保书”“要保书”是投保人向保险人申请订立保险合同的书面要约 |
| | | 内容 | 投保单号、投保人、被保险人、合同号、信用证号、发票号、唛头、包装及数量、货物名称、品质、运输工具、起运日期、赔付地点、航行路线、包装方式、运输方式、投保险别、加成 |
| 2 | 对外付款/承兑通知书 | 定义 | 在承兑交单和付款交单支付方式下,当代收行(进口地银行)收到卖方的托收单据后,会出具一份“对外付款/承兑通知书”给买方,通知是否有不符点 |
| | | 内容 | 付款行、日期、单据编号、单据金额、信用证号、寄单日期、合同号、远期期限、同意即期付款/同意承兑并到期付款 |
| 3 | 入境货物报检单 | 定义 | 是报检人根据法律、行政法规或合同约定向检验机构对入境货物实施检验检疫、鉴定意愿的书面凭证 |
| | | 内容 | 报检单位、报检单编号、报检日期、收货人、发货人、货物名称、H. S. 编码、原产国、数/重量、货物总值、包装种类及数量、运输工具名称号码、合同号、贸易方式、贸易国别、提单/运单号、到货日期、启运国家、许可证/审批号、卸毕日期、启运口岸、入境索赔有效期、经停口岸、目的地、集装箱规格、数量及号码、合同定理的特殊条款以及其他要求、货物存放地点、用途、随附单据、唛头、检验检疫费、计费人、收费人、报检人、领取证单日期、领取人 |
| 4 | 进口货物报关单 | 定义 | 是进口单位向海关提供审核是否合法进口货物的凭据 |
| | | 内容 | 海关编号、收货人、进境关别、进口日期、申报日期、备案号、发货人、运输方式、运输工具名称及航次号、提运单号、监管方式、征免性质、许可证号、启运港、合同号、贸易国、启运国、经停港、入境口岸、包装、毛重、净重、成交方式、运费、保费、杂费、随附单据及编码、标记唛码及备注、商品名称及规格型号、数量及单位、价格、币制、原产国、最终目的国、境内目的地、征免、报关人 |

## (二)进口方制单模板

### 1. 投保单

投保单如图 2-11 所示。

**货　物　运　输　险　投　保　单**

**APPLICATION FOR CARGO TRANSPORTATION INSURANCE**

投保单号：MI0000002

**注意：请您在保险人明确说明本投保单及适用保险条款后，如实填写本投保单，您所填写的材料将构成签订保险合同的要约，成为保险人核保并签发保险单的依据。除双方另有约定外，保险人签发保险单且投保人向保险人缴清保险费后，保险人开始按约定的险种承保货物运输保险。**

| | | | | | |
|---|---|---|---|---|---|
| 投 保 人<br>Applicant | | | | | |
| 投保人地址<br>Applicant's Add | | | | 邮编<br>Code | |
| 联系人<br>Contact | | 电 话<br>Tel. | | 电子邮箱<br>E-mail | |
| 被保险人<br>Insured | | | | 电 话<br>Tel. | |
| 贸易合同号<br>Contract No. | | 信用证号<br>L/C No. | | 发票号<br>Invoice No. | |

| 标 记<br>Marks & Nos. | 包装及数量<br>Packing & quantity | 保险货物项目<br>Description of goods |
|---|---|---|
| | | |

| | |
|---|---|
| 装载运输工具：<br>Name of the Carrier | |
| 起运日期：<br>Departure Date | 赔付地点：<br>Claims Payable At |

航行路线：自 ______ 经 ______ 到达（目的地）______

Route　From　Via　To(destination)

包装方式：______

运输方式：______

**承保条件**　投保人可根据投保意向选择投保险别及条款，并划√确认，但保险人承保的险别及适用条款以保险人最终确定并在保险单上列明的险种、条款为准。

Conditions：

进出口海洋运输：□一切险　□水渍险　□平安险　（《海洋运输货物保险条款》）

□ICC(A)　□ICC(B)　□ICC(C)　（《伦敦协会条款》）

进出口航空运输：□航空运输险　□航空运输一切险　（《航空运输货物保险条款》）

进出口陆上运输：□陆运险　□陆运一切险　（《陆上运输货物保险条款 》）

特殊附加险：□战争险　□罢工险

特别约定Special Conditions：______

1、加成　Value Plus About ______%

2、CIF金额　CIF value ______ ______　3、保险金额 Insured Value ______ ______

4、费率（‰）Rate ______　5、保险费 Premium ______ ______

投保人声明：

1. 本人填写本投保单之前，保险人已经就本投保单及适用的保险条款的内容，尤其是关于保险人免除责任的条款及投保人和被保险人义务条款向本人作了明确说明，本人对该保险条款及保险条件已完全了解，并同意接受保险条款的约束。

2. 本投保单所填各项内容均属事实，同意以本投保单作为保险人签发保险单的依据。

3. 保险合同自保险单签发之日起成立。

投保人签字（盖章）______　日期 ______

图 2-11　投保单

### 2. 对外付款/承兑通知书

对外付款/承兑通知书如图 2-12 所示。

**对外付款/承兑通知书**

TO: FAR EASTERN BANK
致 俄罗斯远东银行

DATE: 2019-02-05
日期:

| | | | |
|---|---|---|---|
| AB NO.<br>单据编号 | CD0000013 | Draft Araount.<br>单据金额 | USD 17500.00 |
| L/C NO.<br>信用证号 | | Doo Mail Dt.<br>寄单日期 | 2019-02-05 |
| Contract NO.<br>合同号 | 25007 | Tenor Type.<br>远期期限 | |

WE ARE IN RECEIPT OF THE AB ADVISE OF DOCUMENTS UNDER THE ABOVE MENTIONED ITEMS WHICH ARE

上述项下的到单通知业已收悉 我司

□ AGREE TO SIGHT PAYMENT
同意即期付款

□ AGREE TO ACCEPTANCE AND PAYMENT AT MATURITY
同意承兑并到期付款

□ APPLY TO REFUSAL OF PAYMENT
申请拒付

DISCREPANCY(IES):
不符点:

俄罗斯远东银行 00010101 外汇业务专用章

图 2-12 对外付款/承兑通知书

### 3. 入境货物报检单

入境货物报检单如图 2-13 所示。

**入境货物报检单**

报检单位 (加盖公章): *编 号 IC0000005

报检单位登记号: 联系人: 电话: 报检日期: 年 月 日

| | | | | | | |
|---|---|---|---|---|---|---|
| 收货人 | (中文) | | 企业性质(划"√") | □ 合资 □ 合作 □ 外资 | | |
| | (外文) | | | | | |
| 发货人 | (中文) | | | | | |
| | (外文) | | | | | |
| 选择 | 货物名称（中/外文） | H.S.编码 | 原产国(地区) | 数/重量 | 货物总值 | 包装种类及数量 |

| | | | | | |
|---|---|---|---|---|---|
| 运输工具名称号码 | | | | 合同号 | |
| 贸易方式 | | 贸易国别(地区) | | 提单/运单号 | |
| 到货日期 | | 启运国家(地区) | | 许可证/审批号 | |
| 卸毕日期 | | 启运口岸 | | 入境口岸 | |
| 索赔有效期至 | | 经停口岸 | | 目的地 | |
| 集装箱规格、数量及号码 | | | | | |
| 合同订立的特殊条款以及其他要求 | | | | 货物存放地点 | |
| | | | | 用途 | |

| | | | | |
|---|---|---|---|---|
| 随附单据（划"√"或补填） | | 标记及号码 | *外商投资财产(划"√") | □ 是 □ 否 |
| □合同<br>□发票<br>□提/运单<br>□兽医卫生证书<br>□植物检疫证书<br>□动物检疫证书<br>□卫生证书<br>□原产地证<br>□许可/审批文件 | □到货通知<br>□装箱单<br>□质保书<br>□理货清单<br>□磅码单<br>□验收报告<br>□无木质包装证明<br>□报检委托书<br>□合格保证 | | *检验检疫费 | |
| | | | 总金额（人民币元） | |
| | | | 计费人 | |
| | | | 收费人 | |
| 报检人郑重声明：<br>1. 本人被授权报检。<br>2. 上列填写内容正确属实。<br>签名： | | | 领取证单 | |
| | | | 日期 | |
| | | | 签名 | |

注：有" * "号栏由海关填写

图 2-13 入境货物报检单

**4. 进口货物报关单**

进口货物报关单如图 2-14 所示。

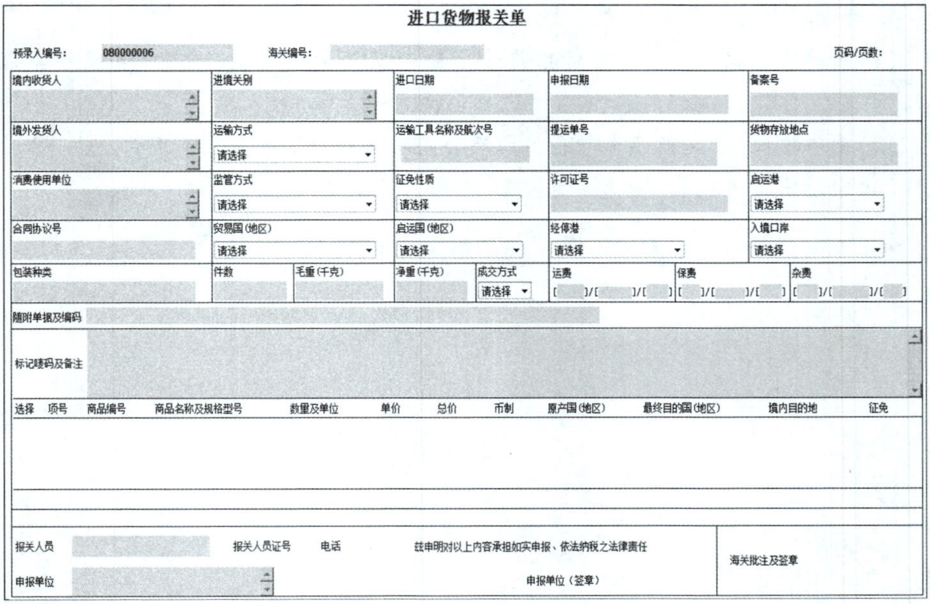

**进口货物报关单**

预录入编号：080000006　　海关编号：　　页码/页数：

| | | | | | | |
|---|---|---|---|---|---|---|
| 境内收货人 | 进境关别 | | 进口日期 | | 申报日期 | 备案号 |
| 境外发货人 | 运输方式 请选择 | | 运输工具名称及航次号 | | 提运单号 | 货物存放地点 |
| 消费使用单位 | 监管方式 请选择 | | 征免性质 请选择 | | 许可证号 | 启运港 请选择 |
| 合同协议号 | 贸易国（地区） 请选择 | | 启运国（地区） 请选择 | | 经停港 请选择 | 入境口岸 请选择 |
| 包装种类 | 件数 | 毛重（千克） | 净重（千克） | 成交方式 请选择 | 运费 [ ]/[ ]/[ ]　保费 [ ]/[ ]/[ ] | 杂费 [ ]/[ ]/[ ] |
| 随附单据及编码 | | | | | | |
| 标记唛码及备注 | | | | | | |

| 选择 | 项号 | 商品编号 | 商品名称及规格型号 | 数量及单位 | 单价 | 总价 | 币制 | 原产国（地区） | 最终目的国（地区） | 境内目的地 | 征免 |
|---|---|---|---|---|---|---|---|---|---|---|---|

报关人员　　报关人员证号　　电话　　兹申明对以上内容承担如实申报、依法纳税之法律责任　　海关批注及签章

申报单位　　申报单位（签章）

图 2-14　进口货物报关单

## 必备技能实训

根据模块二的实训要点，完成进出口业务的单证制作及业务履约流程图的绘制。

业务背景资料：

贸易国家：俄罗斯、中国

贸易术语：DPU

支付方式：D/P

运输方式：空运

操作导引：

1. DPU 条件下运输的承担方是________，保险的承担方是________。

2. 出口方制单，包括下列单据：

______________________________________________________________

______________________________________________________________

3. 进口方制单,包括下列单据:

---

4. 部分单据与流程的备注。

(1)出境货物报检单(根据商品监管条件以及合同所选商检证书判断是否需要填写)。

(2)出口报检(根据商品监管条件以及合同所选商检证书判断是否需要办理)。

(3)申请出口退税(根据商品退税率,判断是否需要办理)。

# 模块三　外贸 B2C

## 任务一　大数据选品

### 一、认知大数据选品

中国的跨境电商卖家在占据丰富的产品线和低廉的产品价格等天然优势的情况下,要把产品快速地销售出去并获得高回报,其关键问题就是选择符合国外客户需求的产品。对目标客户、目标市场进行必要的需求偏好分析,确定产品适用于哪个年龄段的目标人群,在锁定目标人群、目标市场之后才能选择好跨境电商销售的产品。

#### (一)品类认知基础

从市场角色关系看,选品即选品人员从供应市场中选择适合目标市场需求的产品。从这个角度看,选品人员必须一方面把握用户需求,另一方面要从众多供应市场中选出质量、价格和外观最符合目标市场需求的产品。成功的选品,可以最终实现供应商、客户、选品人员三方共赢的结果,此为选品价值之所在。从用户需求的角度看,选品要满足用户对某种效用的需求,比如带来生活方便、消除痛苦等方面的心理或生理需求。从产品的角度看,选出的产品应该在外观、质量和价格等方面符合目标用户需求的产品。

#### (二)大数据选品思路

由于需求和供给都处于不断变化之中,选品也是一个无休止的过程。大数据选品的基本思路为:在把握店铺定位的前提下,研究需要开发产品所处行业的出口情况,获得对供需市场的整体认知,借助数据分析工具,进一步把握目标市场的消费规律,并选择正确的参考网站,最终结合供应商市场,进行有目的的产品开发。选品流程可简化如下所示:店铺定位→行业动态分析→区域需求分析→品类参考→产品开发与信息加工。产品专员还需通过对销售店铺整体定位的理解和把握,选择适合定位的品类进行研究分析。中国制造的产品,优势在于成本低、更新快、种类多、国外需求量大,而劣势在于高端制造少。因此,对于立足中国的跨境电商 B2C 店铺来说,建立销售品牌更优于建立产品品牌。

### (三)常见品类

当前,跨境电商平台普遍包含的品类有儿童用品、摄影器材、汽车配件、手机周边、服装服饰、电脑周边、电子、美容保健、家居园艺、首饰手表、办公用品、体育用品、玩具收藏品、游戏配件等。

### (四)网站定位对品类集成的要求

1. 宽度方面

(1)充分研究该类别,拓展品类开发的维度,全面满足用户对该类别产品的不同方面的需求,拓展品类宽度的同时,提升品类的专业度。

(2)开发产品时,应考虑该品类与其他品类之间的关联性,提高关联销售度和订单产品数。

2. 深度方面

(1)子类的产品数量要有规模,品相足够丰富。

(2)产品有梯度(如高、中、低三个档次),体现在品相、价格等方面。

(3)挖掘有品牌的产品进行合作,提高品类口碑和知名度。

(4)对目标市场进行细分研究,开发针对每个目标市场的产品。

结合店铺的定位,借助第三方信息,例如研究报告、行业展会等,以及网络分析工具,明确自己所选品类的最优投放市场,进行区域化用户需求分析。

### (五)品类出口和市场分布

从行业的角度研究品类,每个品类均是建立在中国制造的产品面向国外出口的整个行业背景下,了解中国出口贸易中该品类的市场规模和国家分布,对于认知品类的运作空间和方向,具有较大的指导意义。当前,某个品类的出口贸易情况,可以通过以下三种途径进行了解:

(1)行业研究报告。第三方研究机构或跨境电商平台,如中国制造网、敦煌网、环企网公开发布的行业研究报告与公司调查等。

(2)行业展会。行业展会是行业中供应商为展示新产品和新技术、拓宽渠道、促进销售、传播品牌而进行的一种宣传活动。参加展会,可以获得行业最新动态和企业动向。详情可参阅深圳会展中心展览排期、中国行业会展网等。

(3)出口贸易公司或工厂。产品专员在开发产品时,需要与供应商进行直接的沟通。资质较老的供应商,对所在行业的出口情况和市场分布都很清楚,通过他们,产品专员可以获得较多有价值的市场信息。

## 二、跨境选品策略

### (一)从货源角度考虑

货源角度包括价格和对货源质量的把控。

(1)价格。对于跨境产品的价格,由于要考虑到诸多税费,一般单品价格范围在 50~500 美元为宜。

(2)对货源质量的把控。销售的本质就是以产品的质量换取收益,如果对售卖的产品质量难以把控,不知道发给客户的产品质量怎么样,那又怎么能做好销售? 特别是对于跨境 B2C 来说,做的完全是信誉。如果卖出的是假冒产品、产品质量不合格、产品和所描述的不符,那必然会失去更多的客户,甚至被平台封店。如此一来,只能是两败俱伤。因此,选好产品的同时,必须控制产品的质量,使销售能良性循环,越做越大,越做越好。

### (二)从市场角度选择

全世界 220 多个国家和地区,每个国家和地区均有着不同的地域文化、风俗习惯、文化背景、消费倾向、消费品味等,某种产品到底适合哪个国家、哪个年龄阶段、哪种消费能力,需要在市场需求调查的前提下,综合考虑做好市场细分。此外,在选择跨境电商平台时,根据具体产品和消费对象的不同来确定。速卖通平台适合做发展中国家、经济欠发达国家,如巴西市场,具有价格优势且供应链齐全;eBay 平台适合欧美澳英等发达国家和地区,拥有特色产品且产品质量较高;Amazon 平台集中高质量的产品,以品牌换利润。需经常关注客户和市场的变化,考虑增加产品和店铺的曝光量,有流量就会产生订单。

### (三)从热门类别角度选择

规划核心优势产品,要从店铺或者平台的整体定位、策略、模式、市场调研、目标客户分析、竞争对手分析、平台研究、政策走向等情况来规划适合自己店铺的、能带来实际利润的产品组合。要获得高流量、高利润,离不开好的产品组合。如果把产品分为爆款、引流款和利润款三个层次,那么什么样的产品结构才能达到理想的效果呢?

(1)爆款。爆款,也称热卖品、牛品或人气宝贝,是在产品销售过程中人气很高、销量很大,甚至供不应求的产品,即高流量、高曝光量、高订单量的产品。建议一个品类设1~2件,爆款的预期利润率设在-1%~0%,即亏1%。爆款的折扣设在50%以上,便于产品报名参加平台活动,如平台大促以及全店打折。爆款要销量则不能断货,所以最低库存或者预警库存是日均销量、采购周期的乘积,记为:爆款最低库存=日均销量×采购周期,相应地适宜的采购进货量就等于单品单日销量、预计销售周期的乘积,记为:爆款采购进货量=单品单日销量×预计销售周期。爆款能最大限度地优化产品线,能配合平台的定位,最大程度带来关联交易。锁定竞争对手,做定向或活动措施。有充足的库存,有高效准确的交付,还有良好的售后,从而打造性价比最高的产品。针对爆款产品展开活动策划、页面策划、店铺策划,运营用户体验,设计视觉(页面逻辑清晰、产品图片精美、风格贴切统一)相配合。通过爆款调整、改善、沟通、分析、确定、引爆,一期又一期的循环往复,最终为平台带来源源不断的流量,很大的直接经济收益,类似于"薄利多销"。

(2)引流款。引流款是为了给产品、店铺或者平台带来流量的产品。一般预期利润率设在0%~1%,每个品类设立5件,折扣设在30%~50%。可与爆款产品打配合,效果较好。

(3)利润款。利润款是主要的盈利产品。除了爆款和引流款,店铺其他产品都是利润款。利润率由卖家预期利润率来定,预留折扣5%~20%。

经过一轮精细化、差异化选品,在平台店铺发布产品,销售一段时间(如一两个星期)之后,分析比较数据,撤换掉数据差的产品,再次选品丰富产品类别,如此优胜劣汰,最终挑选出好卖产品。

# 任务二　选择跨境物流

## 子任务一　跨境物流概述

跨境电商平台类物流企业,是指跨境电商B2B或B2C平台提供运输、储存、装卸、包装、配送的物流业务的企业。按平台类别划分,主要有自建类物流企业、第三方物流企业、第四方物流企业。

### 一、自建类物流企业

为增强自身平台产品的配送时效、监控产品运输路径、提升客户物流体验,平台自身建立属于自己的物流运输、仓储管理、快递配送的企业,如亚马逊物流、速卖通无忧物流等。

### (一)亚马逊物流

亚马逊物流服务,全称 Fulfillment by Amazon,简称 FBA,也称亚马逊物流,即亚马逊将自身平台开放给第三方卖家,将其库存纳入亚马逊全球的物流网络,为其提供订单分拣、包装、配送、退货等服务,亚马逊则收取服务费用。全球各站点海外仓面积超 561 万 $m^2$。2019 年包裹投递量达 35 亿件,预计到 2022 年将达 65 亿件。物流方式有空运、陆运、外包第三方物流等。拥有 Kiva 智能机器人、无人机送货、智能拣货、订单预测与智能客服等十大物流技术。

### (二)速卖通无忧物流

速卖通无忧物流(AliExpress 无忧物流)为速卖通卖家提供包括国内揽收、国际配送、物流详情追踪、物流纠纷处理、售后赔付在内的一站式物流解决方案,以支持卖家全球速卖。

速卖通无忧物流方案包括三类,如表 3-1 所示。

**表 3-1 速卖通无忧物流方案**

| 类别 | 预估时效 | 物流信息 | 赔付上限 | 品类限制 |
|---|---|---|---|---|
| 简易类 | 15~20 天 | 可查询包括买家签收在内的关键环节物流追踪信息 | 35 元人民币 | 支持普通货物,不支持带电、纯电池及化妆品 |
| 标准类 | 15~35 天(核心国家) | 全程可跟踪(部分特殊国家除外) | 800 元人民币 | 寄送普货、带电、非液体化妆品,不支持纯电、液体粉末 |
| 优先类 | 4~10 天(核心国家) | 全程可跟踪 | 1 200 元人民币 | 只支持普通货物,不支持带电、纯电及化妆品 |

## 二、第三方物流企业

专门开展跨境货物运输、仓储服务、快递配送等业务的专业性物流企业。包括国内段的中国邮政、顺丰速运、百世汇通、圆通速递、申通快递、中通快递、韵达快递,国际段的 DHL、FedEx、UPS、TNT、万国邮政等。

### (一)中国邮政

中国邮政集团有限公司是大型国有独资公司,在世界邮政企业排名第 2 位。其经营业务主要包括:国内和国际信函寄递业务,国内和国际包裹快递业务,报刊、图书等出版物发行业务，邮票发行业务，邮政汇兑业务，机要通信业务，邮政金融业务，邮政物流业务，电子商务业务，各类邮政代理业务，国家规定开办的其他业务。

中国邮政跨境物流主要有中速国际快件、邮政速递物流跨境电商产品等。

(1)中速国际快件业务通达全球220多个国家和地区，根据重量、运递时限和服务方式的不同，分为“标准快件”“经济快件”“重货快件”等；同时提供门到门、门到港、港到港以及增值服务(收件人付费、代垫关税等)。

(2)邮政速递物流跨境电商产品有e邮宝、e特快、e速宝、中邮海外仓和中邮海外购一站式综合物流解决方案。

①e邮宝是邮政速递物流为适应跨境电商轻小件物品寄递需要推出的经济型国际速递业务，利用邮政渠道清关，进入合作邮政轻小件网络投递。主要路向参考时限7~10个工作日。单件限重2 kg；单件最大尺寸长、宽、厚合计不超过90 cm，最长一边不超过60 cm，圆卷邮件直径的两倍和长度合计不超过104 cm，长度不得超过90 cm；单件最小尺寸长度不小于14 cm，宽度不小于11 cm，圆卷邮件直径的两倍和长度合计不小于17 cm，长度不小于11 cm。

②e特快是邮政速递物流为满足跨境电商较高价值物品寄递需要推出的优先型国际速递业务，邮件单件重量根据寄达地不同最高可达30 kg，计费首续重为50 g，寄递时限更快，信息反馈更完整，目前已通达106个国家和地区。常用最大尺寸限制标准：任何一边的尺寸都不得超过1.5 m，长度和长度以外的最大横周合计不得超过3.0 m。

③e速宝是邮政速递物流为满足跨境电商卖家个性化市场需求提供的商业渠道物流解决方案，要求申报信息真实准确，须如实填写内件品名、税则号、申报价值和重量等。

④中邮海外仓是邮政速递物流为跨境电商卖家量身定制的灵活、经济、优质的一站式跨境出口解决方案。帮助国内跨境电商卖家实现销售区域本土发货、配送，全面缩短从出单到收件的时限。

⑤中邮海外购是邮政速递物流为满足国内消费者“足不出户，买遍全球”的购物需求，专门设计开办的跨境电商个人包裹进口转运、入境申报配送等综合物流服务。实现在线制单，海关电子申报，在线关税缴纳，一票到底，全程状态追踪。

### (二)FedEx

FedEx联邦国际快递是世界上最大的货运航空公司，提供隔夜快递、地面快递、重型货物运送及物流服务。为全球超过235个国家及地区提供快捷、可靠的快递服务。

联邦快递设有环球航空及陆运网络，通常只需 1 ~ 2 个工作日，就能迅速运送时限紧迫的货件，而且确保准时送达。

**表 3-2　联邦快递 - 中国快件出口价目表**

（此价格不包括燃油附加费和其他附加费）　　单位：元

| 主要目的地 | A | B | C | D | E | F | G | H | 1 | 2 |
|---|---|---|---|---|---|---|---|---|---|---|
| | 中国香港地区、中国澳门地区 | 中国台湾地区、新加坡、韩国 | 日本 | 印度尼西亚、菲律宾、蒙古 | 澳大利亚、新西兰、柬埔寨 | 德国、英国、法国 | 巴西、智利、阿根廷 | 南非、阿拉伯联合酋长国 | 美国西部 | 美国其他地区、加拿大、墨西哥 |
| 快递封 0.50 kg | 139.00 | 197.00 | 185.00 | 203.00 | 290.00 | 338.00 | 397.00 | 418.00 | 363.00 | 363.00 |
| 快递袋 0.50 kg | 155.00 | 216.00 | 216.00 | 252.00 | 324.00 | 381.00 | 408.00 | 450.00 | 372.00 | 372.00 |
| 出口优先快递包裹 0.50 kg | 228.00 | 320.00 | 301.00 | 340.00 | 344.00 | 460.00 | 584.00 | 586.00 | 402.00 | 410.00 |

# 任务三　设置产品标题

在互联网上交易，买家无法看到真实的产品，只能根据产品的图片和描述等来进行判断。卖家真实、准确地描述产品，买家清晰地了解产品的信息，一来可以减少询盘的往复时间，二来可以加快买家的下单速度。

通过对海外买家调研、成交数据的建模分析、热销产品的回归验证，优质产品具有七个特点：标题专业、图片丰富、描述详尽、属性完整、价格分级、备货及时与免运费。

产品标题是吸引买家进入产品详情页的重要因素，是匹配关键词搜索、影响产品曝光率的关键，可以包括产品基本功能、特点、性能等。产品标题要专业、准确、完整，支持站内外关键词搜索。

## 一、产品标题设置方法

（1）关键词 + 属性词 + 流量词。

关键词，即在特定产品类目中的流行热门词，是不变的部分；属性词，如对产品的长度、高度、颜色、材质等进行描述的字段，是可变的部分；流量词，给产品带来更多流量的字段，是可替换的部分。标题推荐写法：品牌 + 风格 + 特性 + 款式 + 品名 + 配饰 + 材质 + 尺码 + 颜色 + 打包方式 + 促销信息 + 是否支持代发货等。

例如:×××Brand New Men's long sleeve shirt 100% cotton five colors 10 pcs/lot drop shipping。

(2)产品名称+核心词+重要属性。

例如:Baby Girl a mice blouse Pink a mice Coat With Black Lace/Suit Must Have Baby:1~6 Month Sample Support。

标题可以含有以下要素:产品名+热门词+亮点特征+基本属性+蓝海词+长尾词+材质+款式+颜色+产品编号。

常用词:New arrival,free shipping,wholesales,promotion。

特性词:hot,fashion,designer,cheap,men,women,kids。

(3)物流运费+服务+销售方式+产品材质/特点+产品名称。

一个专业的产品标题能使其从搜索页面的成千上万优质产品中脱颖而出。优质的产品标题应该包括买家最关注的产品属性,能够突出产品的卖点。包括产品的关键信息以及销售的亮点、销售方式及提供的特色服务、买家可能搜索到的关键词。例如:

①某热卖产品标题:3pcs/lot 7" WIFI mini computer laptop Netbook WinCE 6.0 OS CPU 300 MHz 2GB best gift for kid(black,pink,green,silver,colour)。

②某箱包类产品标题:Guaranteed 100% Genuine Leather Handbags 88120,Designer Handbags + Free Custom Logo + Free shipping。

| 标题解析: | |
|---|---|
| Guaranteed 100% | 质量保证 |
| Genuine Leather,Designer | 材质及特点 |
| Handbags | 产品名称 |
| Free Custom Logo | 提供的服务 |
| Free shipping | 物流运费 |

③某服装类产品标题:Free shipping(12 pcs/lot)NEW 100% cotton men's underwear wholesale and retail。

| 标题解析: | |
|---|---|
| Free shipping | 物流运费 |
| 12 pcs/lot | 销售方式(打包或者单卖) |
| NEW 100% cotton | 产品新旧及材质 |
| men's underwear | 产品名称 |
| wholesale and retail | 买家搜索常用产品关键词 |

(4)销售方式+重要属性+产品名称+核心词+营销词。

(5)营销关键词+意向性关键词+属性卖点词+主关键词+长尾关键词。

### 二、产品标题设置的注意事项

产品标题及优化不要在标题中多次使用同样意思的产品词，否则不能提升排名，反而会被系统判定为标题堆砌，受到搜索排名靠后的处罚。例如：

(1) cell phone, mobile phone, mobile telephone, oem cell phone。

(2) mp3, mp3 player, music mp3 player。

## 任务四　制定外贸 B2C 的产品价格

### 一、产品成本核算

价格 =（采购价 + 费用 + 利润）/银行外汇买入价

采购价为从产品供应平台（如 1688）或从工厂采购（批发或者零购）的成本价，可含税（增值税，如能提供增值税发票，可享受退税）。

费用主要包括跨境物流运费、平台交易费用（推广、佣金等）、关税（用邮政小包等个人物品申报的零售出口一般在目的国不交关税）及其他费用。

利润指的是合理利润，可根据产品的实际情况、竞争者的价格以及市场情况确定合理的利润率。

### 二、定价方法

#### （一）上架价格、销售价格与成交价格

(1) 上架价格（List Price, LP），就是产品在上传时所填的价格。

上架价格 = 采购价 + 费用 + 利润

(2) 销售价格/折后价（Discount Price, DP），指的是产品在店铺折扣下显示的价格。

销售价格 = 上架价格 × 折扣率

(3) 成交价格（Order Price, OP），即用户在最终下单后所支付的单位价格。

成交价格 = 销售价格 − 营销推广成本

营销推广成本包括满立减、优惠券、卖家手动优惠、买家好评后返现等。

#### （二）成本定价法

成本定价法是以单位产品成本和预期利润来确定商品的价格。它是以盈亏平衡分析为基础定价的方法。

**例 1：**陈 × 从 1688 采购了一批珍珠蝴蝶（珍珠镶钻）项链，共 100 条，包装重量370 g

（每一条包装重量为 25 g），采购价 0. 95 元人民币/条，国内快递费 8 元人民币，跨境物流费用 11. 74 元人民币，预期利润假定为 100%，银行美元买入价按 1 美元 =6 元人民币算，其他成本忽略不计，请计算上架价格。

**解：**上架价格 =（采购价格 + 费用 + 预期利润）/银行美元买入

=（0. 95 +8/100 +11. 74 +0. 95）/6

=2. 29（美元/条）

### （三）竞争定价法

首先搜索同行竞品卖家的价格，然后计算得出同行平均销售价，最后计算上架价格。

如先搜索 Necklaces，在速卖通买家网页，按照拟销售产品相关质量属性和销售条件，依照销量大小降序，搜索同行竞品卖家的价格。

再按照销量前十的卖家价格做加权平均，权重 = 店铺销量/总销量，加权平均价格 =（权重1 × 价格 1 + 权重 2 × 价格 2 + … + 权重 10 × 价格 10），计算得出同行平均销售价为 0. 98 美元/件。

最后上架价格 = 销售价格/（1 - 15%）或者上架价格 = 销售价格/（1 - 30%），再根据实际情况进行适度调整。

**例 2：**产品成本是 5 美元，按照速卖通当前的平均毛利润率（15%），还有固定成交速卖通佣金率 5%，及部分订单产生的联盟费用 3% ~5%，那么，如何计算上架价格？

**解：**第一步，计算销售价格。

销售价格 =5 ÷（1 -0. 05 -0. 05）÷（1 -0. 15）=6. 54（美元）

再保守点，销售价格 =5 ÷（1 -0. 05 -0. 05 -0. 15）=6. 66（美元）

这其中，5% 的联盟佣金并不是所有订单都会产生，但考虑到部分满立减、店铺优惠券直通车等营销投入，以 5% 作为营销费用，基本没有差错。

当然，这其中还可以加入丢包及纠纷损失的投入，按照 1% 的丢包率来算，又可以得到：

销售价格 =5 ÷（1 -0. 05 -0. 05 -0. 01）÷（1 -0. 15）=6. 61（美元）

再保守点，销售价格 =5 ÷（1 -0. 05 -0. 05 -0. 15 -0. 01）=6. 76（美元）

第二步，计算上架价格。

活动款平时折扣为 40%，活动最高可以到 50%，可得：

上架价格 = 销售价格 ÷（1 -0. 4）=6. 76 ÷（1 -0. 4）=16. 9（美元）

一般款平时折扣为 30%，可得：

上架价格 = 销售价格 ÷（1 -0. 3）=6. 76 ÷（1 -0. 3）=9. 66（美元）。

建议折扣参数不低于15%，不高于50%。根据速卖通官方的统计，折扣在30%左右，是买家最钟情的折扣，属于合理预期范围。对于50%折扣的活动要求，基于以上定价的模式，基本上相当于平出，不会亏本或者略亏，假如客户购买两个及两个以上，就可以盈利。

## 三、定价策略

### （一）成本差异化定价策略

商家非常了解自己的成本，加上期望的利润，以成本差异来定价，在数据上可以做到非常准确，能在控制好利润的前提下，获得客户的订单。但该定价策略没有考虑市场需求对产品价格的影响，如有时市场需求量大，而利润率决定的产品价格却相对较低，进而影响总的营业额；反过来，在市场需求量小的情况下，产品价格就会高出市场价格，势必引起客户的反感，以致错失很多良好的客户。

### （二）数量差异化定价策略

数量差异化定价是根据顾客所定数量来定价。比如：10 个以下什么价格，10 个以上什么价格，100 个以上什么价格等。这种定价方法能通过价格差异提升销售量，达到通过销售量的增加来带动营业额的提高。

### （三）市场差异化定价策略

市场差异化定价就是以历史价格为基础，根据不同的市场需求、顾客的需求和消费能力来定价。该策略的优点是产销平衡，符合经济学供求原理，贴近市场实际需求状况。有时可能同一产品，由于地点不一样，供需情况不一样，它的价格就不一样。

### （四）顾客承受能力定价策略

以顾客的承受能力来定价就是根据顾客对该产品的价格承受能力结合商家对利润的预期来确定价格。在选择某些产品的时候，经济能力不同的顾客，他们的承受能力会影响到产品在价格上的变化，比如化妆品类、化工品类、生物制品类。商家多与客户交流，了解他们的生活状况、经济能力、消费习惯与心理等，从而确定一个客户能够承受的价格。这种定价的营业额会比固定定价的高。

### （五）套餐定价策略

跨境选品既要选单品，也要考虑产品组合，选好成套产品并合理定价。套餐定价就是顾客在购买某种产品的时候，可能会购买与此产品相互搭配的其他产品，比如服饰、电子产品等。如果考虑到将客户不同的喜好进行搭配，以成套出售来定价，并给予一定的价格优惠，客户很有可能会因为一方面能购买到全套产品，另一方面又能享受到价格优惠，再加上运费等方面的考虑，作出购买套餐产品的选择。

### （六）竞拍定价策略

竞拍定价就是电商确定好一个基础价格，由潜在买家通过竞争的方式，最终确定价格的定价方式。跨境电商卖家在竞拍平台上确定好基础价格，制定相应的竞拍规则，潜在买家根据自己对产品价值的评估与经济承受能力等来确定最终价格，这个价格往往高于卖家的定价。

## 四、定价技巧

对于没有一手货源的卖家，建议将利润控制在5% ~30%；具有一手好货源可以直接从工厂拿货的卖家，利润可以根据自己的优势适当增加。

最简单有效的一个方法：先搜索出产品的类目，然后看看同一类目下的产品定价范围，一般在前三页的产品最畅销，最后锁定这些产品的价格，作为最重要的参考价格。例如：产品是宠物狗服装 dog clothing，其类目为 Dog Apparel；查看排在前三页的产品，这些产品的定价区间为5 ~20美元/件；根据其中的同质产品价格，那么定在8 ~9美元/件是合理的。另外，要关注汇率变动，及时查询汇率浮动，以便及时调整价格。

巧用价格临界点。买家在购物时，心里会有预算，会以数字0或5作为价格的临界点，如果产品价格设为10美元，不如设为9.99美元，会让买家觉得没有超过预算，下单会更加干脆。

## 五、产品折扣

### （一）产品打折时的注意事项

（1）研究同一行业、同质产品的价格和销售情况，弄清行业最低价格，然后以行业最低价格减价5% ~15%作为自己产品的价格。采用这一做法的卖家要有一定的实力，用这种方式打造自己的爆款，吸引客户；该做法有一定的风险，持续时间不宜太长，以减少对总销售额的损害。

（2）直接利用产品的上架价格，以其为基础，进行打折让利，这个折扣须在利润率的范围内控制，比如5%。客户能直接感受到卖家的折扣减让诚意。

（3）利用成交价格为基础来打折，是在销售价格的基础上减去营销优惠价，再进行打折。该做法能充分调动买家的积极性，为各项数据的提升提供最直接、最可靠的保证。

所有的折扣设置均是在一定的利润率控制范围内，皆是为了提高曝光量，提升长期转化率所做的努力。

## (二)定价时应考虑议价时的主客观因素

### 1. 主观因素

如果是大客户且可能长期购买,可把价格报高一点,为以后各期谈判留有余地;如果客户的情况与此相反,则可把价格稍报低一点。

如果客户对产品和价格均非常熟悉,用专业"对比法",突出自己产品的优点,从而掌握定价的主动权,建立长期稳定的供需关系。

如果客户比较了解产品及价格,性格直爽不喜欢讨价还价,最好一开始就亮出自己的底牌,而不是报出高价,以免丧失客户。

如果客户对产品不是很熟悉,多介绍一些产品的用途、优点与品质,让客户了解该类产品的价格定位。价格可以报高一点,而且还可以通过后续的技术升级,长期锁定客户。

如果客户了解产品特性、中意产品,但对价格特别敏感,需要进行一系列的讨价还价,并且要步步为营。可以采取先多让后少让的策略。比如:了解到客户的目标价格是 12 元人民币,而其心理价格是 10 元人民币,此时最好报 18 元人民币。在还价时,直接让到 14 元人民币,接着千万不能一步到位,而应一点都不能少般地减让。让客户看到成交的诚意、希望,体验到艰苦议价达成交易的获得感、胜利感。卖家通过这种方式获得的客户,有可能与之成为朋友,甚至会口口相传,带来更多的客户。

### 2. 客观因素

产品价格的高低是与它的质量和供求关系等紧密相关的。报价之前,要对产品特征、目标价格、主要目标市场、目标市场上同类产品及其价格进行充分对比,把握以下原则:

(1)根据价格和价值通常是相等的原则,如果产品质量相对更好,报价要更高;

(2)根据供求关系影响价格的原则,如果产品在市场上供不应求,可以报更高的价格;

(3)根据人们比较喜欢新鲜事物的特性,如果产品是新品,款式又新颖,通常报价比成熟期的产品要高些;

(4)综合多种定价策略和主客观因素进行定价。同一种产品,在不同的阶段,影响其价格的因素众多。一定要多了解有关信息,包括瞬息万变的市场、政府控制、同一行业和领域等,锻炼出敏锐的反馈能力,实时对价格做出调整。争取主动,以获得较高的利润。

**例 3**:陈倩发布一款鳄鱼纹牛皮钱包,原先售价 23.99 美元/件,上架一月,无人问津。平台上搜索发现竞品价格为 18.75 美元/件。则价格调整为多少?

**解**:该产品拿货价格为 1 ~ 4 个,每个 40 元人民币;5 ~ 14 个,每个 37 元人民币;15 个及以上,每个 35 元人民币。国内物流为 10 元人民币。产品包装后重量为 120 g,根据物流商与卖家达成的合作,e 邮宝方式寄到美国的价格为 19.8 元人民币,产品无须另外包装,但是最外层包装袋得更换新的,费用为 0.8 元人民币/个。因此,以最小采购量计,该产品的成本为 40 + 10 + 18.8 + 0.8 = 69.6(元人民币)。

以 18.75 美元/件的售价,扣除平台佣金后,按汇率 6.0 折算成人民币,还有 37.2 元人民币利润。卖家觉得该利润属于可接受的范围,竞品未打折。卖家认为为保留促销能力,暂不设置比其他卖家更低的价格,以免恶性竞争。于是按竞品价格修改自身产品价格为 18.75 美元/件。

# 任务五 分析外贸 B2C 数据

## 一、产品搜索排序规则

商家盈利需要注重的影响因素很多,如品类、货源、质量、价格、活动、服务等,对于跨境电商而言,最重要的莫过于流量,没有流量就意味着没有买家光顾,即使"酒香"、价低、服务好,也无济于事。90% 以上的买家只看搜索结果中的前三页,尤其会侧重看第一页。如果卖家店铺或单品的搜索排序在第二页以后,浏览量就会大幅下降;如果排到第四页,基本上乏人问津。卖家要积极做好引流,千方百计使自己的产品在搜索排序中位居前列。常见的引流方式是打造爆款和提高流量质量。

打造爆款是引流最常用、最重要的方法,能推动订单量、增加销量。引流还要有质量,提高转化率,才会有更多的订单。

曝光量是指卖家的产品信息在跨境电商平台网站被买家看到的次数。

浏览量(Page View,PV),也称页面浏览量、访问量、点击量,是在统计周期内,产品详情页面被浏览的次数总和。若一个买家在统计时间内多次打开或刷新一个产品详情页面,则该产品的浏览量累加,浏览量记为多次。

访客量(Unique View,UV),也称访客数,是指单个 IP 的访客数量,是去重的浏览量。比如:一个 IP 的访客浏览了店铺内五个产品,那么就会显示一个访客量、五个浏览量。

点击率是指统计日期内,从搜索结果页面点击到产品详情页的点击人数/搜索结果页的访客数,即搜索结果中用户点击产品的比率。是买家搜索某关键词后,点击产品的可能性。数值越高,该关键词下的产品越容易被买家点击浏览。

产品的曝光量、流量、转化率和订单数之间的关系为:

$$流量 = 曝光量 \times 点击率$$

订单数 = 曝光量 × 点击率 × 转化率

高转化率和高点击率的最重要来源是精准的产品标题。

## 二、产品排序的影响因素

产品排序规则的制定和搜索排序目的是一致的，都是为了帮助买家更快、更方便地找到目标产品，同时能拥有良好的购物体验。总体而言，若某一卖家能将最好的产品和最佳的服务以平台认可的方式呈现给买家，那么该产品的搜索排序就会靠前。影响产品搜索排序的因素主要包括：

### 1. 产品信息描述的质量

产品要如实描述且信息完整、准确，方便买家快速做出购买决策。产品标题、发布类目、图片、详细描述等图文与产品匹配、准确并且详细；产品属性填写一定要尽量完整和精确。

### 2. 产品与买家搜索需求的相关性

买家输入关键词搜索时，与买家实际需求越相关的产品，排名越靠前。相关性主要取决于产品标题。

### 3. 产品的转化率

转化率是产品交易次数与曝光次数的比率，用来衡量一个产品的交易转化能力。高转化率代表买家需求高，产品的市场竞争力强，排序会靠前；低转化率的产品排序会靠后，甚至没有曝光的机会，逐步被市场淘汰。一个产品符合海外买家需求、价格/运费设置合理且售后服务有保障，则其交易转化能力强。

### 4. 卖家的服务能力

除产品本身的质量外，卖家的服务能力是最直接影响买家采购体验的因素，它包括好评率、订单执行、客服响应速度等方面的综合表现。能提供优质服务的卖家排名将靠前，服务能力差、买家投诉严重的卖家会受到排名严重靠后甚至不参与排名的处罚，同时也可能会受到平台网规的相关处罚。

## 必备技能实训

1. 访问亚马逊、Wish 的前端页面，调研围巾、皮带、太阳镜、连衣裙在售商品的信息，包括商品标题、定价、好评分以及销售额排名。

2. 了解亚马逊、Wish 的销售方案和费用明细，销售费用包含佣金和订阅费。了解费用金额、扣除时间以及扣除方式。分析不同平台之间的销售费用差异。

3. 了解亚马逊、Wish 不同物流服务的时效与价格，国内仓与海外仓的收费计算方法。

# 模块四 外贸 C2C

## 任务一 认知外贸 C2C

### 一、外贸 C2C 概述

#### (一)外贸 C2C 定义与特点

跨境电商 C2C(Consumer-to-Consumer,或者 Customer-to-Customer),是指分属不同关境的个人卖方对个人买方开展在线销售产品和服务,由个人卖家通过第三方电商平台发布产品和服务售卖产品信息、价格等内容,个人买方进行筛选,最终通过电商平台达成交易,进行支付结算,并通过跨境物流送达商品、完成交易的一种国际商业活动。代表企业有洋码头、eBay、Shopee 等。C2C 进口跨境电商平台有:天猫国际、京东全球购、拍拍网、易趣网、网易考拉、唯品会全球特卖、速卖通。

C2C 跨境电商所面对的最终客户为个人消费者,商家也是个人卖方。2005 年,代购产业成为 C2C 的最早模式。在传统代购模式下,用户挑选好商品,由代购完成商品购买和寄送工作,代购从中收取一定金额的代购费。2009 年洋码头成立,汇集全球各地知名品牌供应商,满足了中国消费者不出国门就能购买全球商品的需求。C2C 模式是一种典型的"共享经济"模式,平台依赖买手入驻,优势在于无库存;这一模式最大的缺点在于,基于买手的"个人化"角色,平台无法确保买手诚信及产品真伪,商品的质量问题一直无法彻底解决,而且用户获得的服务很难标准化,售后服务体验无法保障。

洋码头的商业模式是小商家或个人卖家入驻,定期根据消费者订单集中在境外采购,通过转运或直邮、快件模式将商品寄回中国。洋码头的盈利模式是:会员费 + 交易费＋增值服务费。C2C 买手模式的代表公司有全球购、洋码头扫货 APP、街蜜等。街蜜以及海蜜走非标准化商品的路线。该模式的优点主要有：相对商家而言，买手的数量巨大。在无法找到合适的商家之前，买手模式是最合适做平台的。Sku 的问题解决容易，另外买手自己也会将自己圈子的客户引入平台，帮助平台营销。如果做得早，就很容易抢占先机；现金流沉淀大。其缺点主要有：管理成本高，售后客诉量巨大；假货太多；后台功能如果做得不好，容易流失买手；物流时效性无法控制；同质化竞争过于激烈，商品重复太多；纯 APP 的界面展示有限，会产生大量冗余信息，需要有效组织商品信息的展现。

C2C 的特点，一是只提供平台，其本身不直接参与到交易过程当中；二是交易双方承担各自的风险，平台并不担保所交易产品的质量，因为这些产品都是个体卖家所提供的；三是销售产品种类繁多，货源丰富，消费者选择度大，真正实现了货比多家，接近完全竞争市场；四是存在网络外部性，即加入平台的一方受到另一方人数的影响。

### （二）C2C 平台标准

C2C 平台必须符合以下四大标准：

#### 1. 网页审美

以专业的方式来展示独特的商品信息和服务，符合大众审美，并有艺术感的亮点存在，能在第一时间内给潜在客户留下印象。

#### 2. 可用性

专注于怎样让用户搜索、比较购物更便捷，获得良好的用户体验。

#### 3. 内容为王

探寻潜在客户的需求，为潜在客户提供最有价值的信息，引导和教育客户怎样去选择和鉴定商品，并且让客户相信这些信息及服务足够让他们付诸行动去购买，提供最具商业价值的网站结构布局。

#### 4. 搜索引擎优化

网站优化，正确运用各种设计元素，让搜索引擎更易抓取，提升网站的营销价值。

综上所述，网站建设对于 C2C 电子商务企业有着举足轻重的作用，是客户了解企业最方便、最直观的途径，一个集审美、内容、实用及营销价值于一体的企业网站，在以用户体验为关注点的电子商务、网络购物的互联网经济中更具有战略意义，C2C 企业一定要选择合适的网站建设服务商，量身打造适合自己行业的产品及品牌风格的个性化营销站点。

## （三）C2C 后台功能

作为一个 C2C 网站平台，不仅页面审美标准要过得去，后台和前台功能更是一个不能缺少，稍有差池就可能损失惨重，因此 C2C 平台的后台必须具备以下功能：

### 1. 鼠标拖动排版

可以任意调整网站排版布局，灵活设置插件显示方式，网站管理维护更方便快捷。

### 2. 在线支付管理

支持支付宝、财付通、在线充值、银行汇款、网银支付、PayPal 支付等方式。

### 3. 多级分类

商品可实现多级分类，从而满足网站多元化商品信息的需求。

### 4. 商品搜索

支持多种搜索方式，如商品、团购、拍卖、秒杀、资讯搜索等。

### 5. 信息评价

拥有信用评价功能，可对交易双方作出信用评价，并自动统计用户的信用指数。

### 6. 店铺二级域名

可实现店铺二级域名转向功能（需独立服务器支持）。

### 7. 店铺类型

根据店铺类型、等级可设置不同的权限，如商品发布数量、店铺功能区分。

### 8. 主营品牌设置

支持选择品牌和店铺类型，如经销、专卖、专营、旗舰。

### 9. 商品信息发布

支持发布商品介绍、图片、价格等商品信息。

### 10. 商品发布模式

支持一口价商品、团购商品、拍卖商品、秒杀商品等多种发布模式。

### 11. 商品批量导入

可批量导入淘宝商品图片和数据。

### 12. 水印管理功能

支持图片和文字水印方式。

### 13. HTML 编辑

信息的添加和更新使用 HTML 编辑器，实现所见即所得。

### 14. 站内短信管理

接收和回复站内短信管理功能。

**15. 广告系统**

具有分组轮播广告、页内广告等多种广告形式。

**16. 商品管理**

商品分类,商品管理、推荐,品牌管理。

**17. 数据库管理**

可以后台进行数据库备份还原管理。

**18. 后台多级管理**

后台管理员多级权限管理模式。

**19. 在线统计**

拥有在线人数统计功能。

### (四)C2C 技术的特点和优越性

(1)预设栏目内容,预设频道栏目、分类和测试数据,推荐和广告位。

(2)可视化模板引擎。采用可视化模板引擎,模板修改直观灵活,模板插件可通过后台可视界面选择设置。可满足用户的个性化建站需求。

(3)多语言支持。独立语言包,支持 UTF-8 国际通用编码,可用于定制各种语言的网站。

(4)任意创建频道。可创建频道栏目,修改栏目参数,不同栏目可设置不同的模板。

(5)自定义店铺类型,灵活设置权限。自定义创建多种店铺类型,每种类型均可设置不同的权限。

(6)全站内容插件灵活调用。大量可全站调用的内容插件,可插入到任何页面,实现个频道之间内容穿插,并可通过专题互相关联。

(7)强大的内容管理功能。后台各频道均具有分类检索、搜索、设定排序方式、批量处理、转移栏目和类别等完备的内容管理功能。

(8)强大的负载功能。系统采用 MVC 架构开发,实现 Web 系统的职能分工。

(9)无缝整合 UC/DZ/PW 论坛产品,一站式会员注册、登录。

### (五)C2C 优劣势

C2C 平台最大的优势在于 SKU 丰富,但在正品保障上很难做到良好的控制,这也是 C2C 平台急需解决的一个问题。

**1. 平台引流**

在引流上,内贸电商的 C2C 平台较有优势,而初创的平台则需要加大力度进行市场活动,从而打造起自己的品牌知名度。

C2C 平台的转化率较一般,可以通过投放效果广告、产品社交化等方式提高转化率。

**2. 平台招商**

在招商方面,C2C 平台主要面向个人卖家,同时要求入驻的卖家须居住在国外,物流信息也应该是来自国外。

**3. 平台商品**

在正品保障方面较之 B2C 平台差距较大,用户的信任度不高,不过在品类上,其丰富度是 B2C 平台不可比拟的。在非标品,尤其是奢侈品品类方面,C2C 平台有一定的优势。

**4. 商品价格**

总体来说,C2C 平台的商品价格基本没有优势,不过因为品类较广,部分独特的商品不会出现在其他平台,从而没有直接的价格比较,如此情况下,优势就比较明显。

**5. 物流清关**

C2C 平台普遍不支持物流服务,卖家需自行解决物流,通常是卖家自行通过直邮方式递送,清关方面是配套的快件和邮政清关模式。

由上面的介绍可以得知,从事跨境电商的企业要选择的是 B2C 平台,C2C 平台只适合个人卖家。对于希望进入中国市场的国外品牌而言,选择入驻一个跨境电商 B2C 平台可能是个不错的选择。

## 二、eBay

### (一)eBay 概况

eBay(中文电子湾、亿贝、易贝)电商平台从 1995 年在美国建立,市场份额不断扩大,当前在 30 多个国家和地区开展业务,已有 1 000 万以上的注册用户,约 2 亿全球活跃买家,是美国访问量第二大的电商平台。随着亚马逊允许第三方开店、移动跨境电商平台 wish 的影响力逐渐增强,eBay 的市场份额不断降低。根据弗雷斯特研究公司的调研数据,顾客在网上购物搜索商品时,39% 优先在亚马逊挑选,11% 选择 Google 等搜索引擎,只有 6% 的顾客最后会选择使用 eBay 购买商品。eBay 的店铺操作不算复杂,开店免费,门槛低。核心市场在欧洲和美国,如果选择该平台,需要结合自身的产品对核心市场深入分析,针对该市场选择比较有潜力的产品深入挖掘,对产品价格、优势、潜力等做深入研究。

### （二）eBay 平台业务流程

（1）在 eBay 上注册。只要在 eBay 任何一个站点注册一次，卖家就能使用相同的账号和密码，登录任何一个 eBay 站点销售商品。

（2）在 PayPal 开设收款账户，并且进行认证。要提前准备注册所需的必用资料。

（3）获得用于销售的商品后，就可以在 eBay 上进行商品销售。

### （三）eBay 站内营销推广策略

**1. 拍卖和一口价**

eBay 创立之初是一个拍卖网站，到今日 eBay 在销售方式上依然延续了拍卖的模式，这是 eBay 区别于其他平台的一大特色。在 eBay 上有两种售卖方式：拍卖和一口价。

（1）拍卖。以“拍卖”方式刊登物品是 eBay 卖家常用的销售方式，卖家通过设定物品的起拍价及在线时间，开始拍卖物品，并以下线时的最高竞拍金额卖出，出价最高的买家即为物品的中标者。在 eBay 上以低起拍价的方式拍卖物品，仍然是能激起买家兴趣、踊跃竞拍的最好途径。而且，在搜索排序规则中，即将结束的拍卖物品还会在“Ending Soonest”排序结果中获得较高排名，得到更多的免费曝光机会。

（2）以“一口价”方式销售的物品在线最长时间是 30 天，可以让产品有充分的展示时间。

适合一口价方式的产品主要具有如下特点：

①有大量库存的产品；

②有丰富的 SKU，可以整合到一次刊登中；

③需要长时间在线销售的产品；

④卖家希望有固定可控的利润。

**2. 运用商店推广工具**

运用卖家直销电邮、自订商店招牌、推广传单、连带推广和物品订阅等工具，进行物品推广。卖家单击“My eBay”中的推广工具，即可看到所有工具及其操作。

（1）建立商店招牌，即在商品页中推广卖家店铺，给买家提供更好的购物理念。

（2）利用“我的档案”页面。建立卖家店铺专用的“我的档案”页面，描述店铺业务、链接、视觉特色等。

（3）提高登记使用等级。提高登记使用等级，可以增加商品在 eBay 店铺的搜索页及其他页面的“曝光率”。

（4）在“讨论区”发表意见时加入店铺名称。

### (四)eBay平台的支付

eBay平台主要是线上支付和离线支付。

#### 1. 线上支付

Paypal曾是eBay平台的主要支付方式。2018年2月,eBay宣布将自主管理支付流程,以改善用户购物体验。与支付处理商Adyen签署协议,将其作为平台首要的支付处理合作伙伴,在2020年完成这一转换。Paypal仍是买家付款时可以选择的付款方式。

#### 2. 离线支付

买家能够选择指定的国际信用卡支付,并按照指令,在完成结算后联系卖家,最终完成付款。可在每个刊登模板内查看相应的信用卡对话框或者核对相应的业务规则。

### (五)eBay平台的物流

#### 1. 线上国际e邮宝

主要针对美国和俄罗斯路向。国际e邮宝由中国邮政与境外邮政合作开发,为国内跨境电商卖家提供方便快捷、时效稳定、价格优惠、全程查询的寄递服务。e邮宝产品的国内揽收及运输都是由中国邮政承运,包裹到达目的国之后,交给目的国当地邮政进行派送投递或通知买家到邮局领取。如果一次发包五件以上,中国邮政可以提供上门揽收服务。

#### 2. DHL电子商务可追踪包裹服务

由国际快递物流商DHL提供的电子商务可追踪包裹服务,主要针对中国内地及中国香港市场推出高性价比的标准型直邮物流方案。

#### 3. UBI利通智能包裹

在澳大利亚、加拿大、俄罗斯、墨西哥和印度路向上为eBay卖家订制的直邮方案。利通智能包裹国际专线具有妥、快、好、省等特点。

#### 4. eBay亚太物流平台(ASP)

eBay亚太物流平台是eBay为适应国际电子商务寄递市场的需要,提高中国卖家物流处理效率而推出的平台。通过eBay亚太物流平台,卖家可以同步eBay订单信息、申请跟踪单号、打印标签、线上发货/单号上传与查询货件状态。

### (六)盈利方式

向每笔拍卖收取刊登费(费用为0.25~800美元不等)。

向每笔已成交的拍卖再收取一笔成交费(成交价的7%~13%不等)。

由于 eBay 另外拥有 PayPal,所以也从此处产生利益。eBay 和 PayPal 类似国内淘宝和支付宝,一个用于开店,一个用于付款。

## (七)卖家服务评分

eBay 的卖家评分系统分为如下 4 个维度,简称 DSR(Detail Seller Rating):

(1)物品描述与实物之间的差异;

(2)沟通质量及回应速度;

(3)物品运送时间合理性;

(4)运费及处理费合理性。

卖家服务评分是 5 分制,以 5 颗星代表分数,5 分最高,1 分最低。交易成功后,买家可以选择给卖家打分。卖家服务评分以五角星的形式显示在卖家的信用评价档案里,五角星后面的数字表示该项有效评价数。

## (八)不良交易率

不良交易率(Defect Rate),是指有以下一项或多项不良交易除以卖家所有成功交易所得到的比例数:

## (九)其他需要注意的规则

### 1. 不能虚假出价

虚假出价是指以拍卖方式刊登商品时,通过亲朋虚假出价以达到抬高价格的行为。被判定为虚假出价时,eBay 会根据情节轻重做出不同的惩罚。

### 2. 不能高额运费

高额运费是指卖家为逃避交易费,将商品价格设置较低,而将运费设置较高。

### 3. 不能滥用关键词

滥用关键词是指使用和商品无关的关键词以吸引买家。

### 4. 不能违法知识产权

销售假冒或侵权的产品都会受到处罚。

### 5. 不能通过不正当取得信用评价

例如:不能通过自卖自买取得信用评价。

应全面彻底了解相关规则,避免做出上述类似行为。

## (十)eBay 平台存在的问题

### 1. 平台收费过高

eBay 平台不仅开户建立店铺需要租金,还收取卖家 10% 的佣金,以及基础费用、特色功能费、促销商品费用、增值服务费、运费等。

基础费用包括刊登费和成交费。卖家每个月可以获得一定的免费刊登额度（不同类型卖家免费额度不同）。超过免费刊登数量，会收取每条0.3美元的刊登费。每个商品的图片列表有12张免费图片存储，额外的需要向平台申请后使用。顾客购买产品后，成交费占全部成交额的1/10，最高上限为750美元。另外，使用平台中的PayPal作为支付方式，也产生一定的佣金。

**2. 物流发展滞后**

eBay平台的物流发展相对比较缓慢。美国物流远没有中国物流发达，一般稍远地区的快件使用联邦快递FEDEX、美国邮政UPS，基本需要五个工作日才能送达。eBay的大部分卖家为了省钱都是使用美国邮政UPS，无法保证一周之内妥投。美国邮政丢包失窃现象严重，而且一旦货物出现丢失的问题，也很难找回，大多数卖家来不及寻找货物就得立即重新发货。

**3. 平台政策不规范**

eBay平台在产品发布、侵权保护、物流配送、交易纠纷等众多方面缺乏明确有效的规则及配套措施，导致平台信誉度下降，流失很多品牌商家和忠实粉丝。

**4. 用户黏性差**

eBay对于所有用户都"平等处理"，不管什么类型的客户，均推送同样的产品。缺乏对平台客户喜好度的关注，对于平台老客户没有跟踪他们喜爱的产品类型，导致老客户对平台的依赖度、消费期望值下降，忠诚度下降。缺乏个性化服务，没有让客户感受到商家对他们的重视，导致eBay的用户体验差。

# 任务二　认知移动外贸C2C

## 一、Wish平台概述

Wish是基于App的跨境电商平台，是北美和欧洲最大的移动电商平台，全球第六大互联网电商、欧美最受欢迎的购物类APP，2014～2016年连续三年被评为硅谷最佳创新平台，全球第五家四年内GMV达到30亿美元规模的互联网公司。Wish的商品是全品类的，包括3C、母婴、美妆和家居，很多产品都从中国发货，如珠宝、手机、服装等。用户人群为15～30岁的白领。Wish利用个性化推送技术，为每位买家推送其喜欢的产品。每个人在Wish平台上看到的产品都不一样。精准推送给买家提供了非常愉悦的购物体验，吸引了大量客户。Wish的卖家普遍都会选择铺货模式，即每天上新。原因是 Wish 的特殊算法,只有每天上新才能保持店铺的活跃度,得到平台的流量倾斜。Wish 首页如图 4-1 所示。

图 4-1　Wish 首页

## 二、Wish 平台特点

Wish 平台有近 5 亿注册用户,超过 40 万入驻商户;日活跃用户大于 1 400 万,月活跃用户大于 7 000 万;1.6 亿活跃的 SKU 周重复购买率大于 75.45%;15～39 岁的人每天浏览时长超过 45 min。Wish 平台有以下几个主要特点:

### (一)简单平台

Wish 平台是一个简单的移动端平台,有简单易开发的 API 文档。Wish 客服负责大部分客户的咨询,不需要卖家做太多客服工作。如果客户不满意,Wish 直接退款给客户,卖家不承担任何损失。

### (二)价格战不适用

Wish 的基因决定了价格不是最重要的权重。基于手机屏,页面展示的空间有限,不提供比价功能。如果有两个 Wish 账号,销售两个完全一样的产品,而价格不同,销售情况不会有太大的变化。因此,选用 Wish 平台,要理清思路,了解规则,不要用 eBay 或者速卖通的规则去做 Wish。

### (三)机会人人平等

Wish 的毛利润率当前是设置在 30%～40%,但可以根据团队大小来自己定位。Wish 商品定价不要过低,也不需要为了短时间内提高销量而平价保本或者亏本销售。Wish 采取低门槛的亲民政策,倡导无行业局限,易于立足。

平台特点可以概括如下:

(1)四易:易入驻、易操作、易跟卖、易成长;

(2)三防:防关联、防仿品、防低劣数据;

(3)三重心:重产品、重价格、重物流;

(4)三新规:海外仓、营销排位赛、诚信店铺指标多维度。

## 三、Wish 业务流程

(1)用户注册。个人或者企业都可以注册,不收取平台费用,审核时间比亚马逊短很多。需缴纳15%的佣金,和亚马逊相当。对于初次接触跨境电商的中小企业来说,Wish是一个非常合适的选择。

(2)运营。

①选品、标签填写、报PB(Product Boost)。通过数据以及欧美人的生活习惯爱好进行选品。可以使用易选品、买家网、Wish数据等数据分析工具。

②铺货。

③采购。

④物流。

⑤商户后台维护。

对于不同类型层次的卖家,根据卖家在物流平台、销售反馈等方面的表现进行评级,在制定平台政策时根据评级予以倾斜。

## 四、Wish营销推广策略及实施

Wish以商品为主导,始终是没有任何修饰的产品图片,通过个性化推送机制进行营销推广,而不是通过广告位流量购买、丰富品类、众多大品牌等营销策略。营销工具主要有:

### (一)衍生APP

营销实施借助衍生APP。在Wish发展早期,为了在市场上更大范围更加迅速地扩大知名度,区别于Wish平台全品类的主平台,Wish推出了Geek电子产品类购物应用、Mama母婴类购物应用、Cute彩妆类购物应用以及Home家居类购物应用。这四个垂直类的购物APP,可以有效地帮助卖家获得更多的流量。

### (二)Wish Express

Wish Express(后简称WE)是Wish对于海外仓产品的一个区分标识,用一辆“小黄车”代表。从客户的角度看,Wish为了更好地区分出海外仓的产品,推出WE标识,使客户在前端下单时有两个选择:标准物流和快速到达。选择标准物流,则支付标准物流费用;选择快速到达,则支付额外快递费用,会有更好的用户体验。从商家的角度看,如果商品加入海外仓,而且前端显示“小黄车”的标识,根据Wish独特的精准计算技术,会将客户引流至海外仓产品。海外仓产品的日常推送流量是普通产品的三倍。

### (三)Product Boost

Product Boost(PB)是Wish针对有搜索需求的客户推出的工具。商家需在Wish后台进行PB报名,填写报名产品的关键词。如果产品是在参与PB活动期间,流量是成倍增长的;但是在 PB 的活动结束后,流量会快速下滑。当客户在前端搜索某种产品时,平台会优先推送参加 PB 活动的产品,这使得产品的浏览量(Page View,PV)增加,交易量(Gross Merchandise Volume,GMV)相应增加。

## 五、Wish 平台支付

### (一)卖家的支付工具

卖家常用支付工具包括 PingPong、Payoneer、PayPal、联动支付等。

#### 1. PingPong

登录 Wish 商户平台,在"付款设置(Payment Setting)"下的提供商选项中,选择 PingPong 金融,并单击"注册"按钮;如果已经有 PingPong 账户,则单击"已经注册 PingPong,立即登录"按钮完成绑定。商户成功在线注册或绑定 PingPong 后,在 Wish 的定期转款日之后的 5 ~7 个工作日,就可以通过 PingPong 账户收款。

#### 2. Payoneer

登录到 Wish 卖家账户,在"Payment Setting"下的提供商选项中,选择 Payoneer 并完成"注册";如果已经拥有 Payoneer 账户,则单击"已经注册 Payoneer,立即登录"按钮完成绑定。商户的注册或绑定 Payoneer,通过审核,在 Wish 的每个付款周期,也就是每个月的 15 日,直接支付到 Payoneer 账户,并且会收到电子邮件通知。

#### 3. PayPal

登录 PayPal,在"提款"菜单里选择"转账到银行";输入金额,选好银行账户,单击"继续"按钮;在转账后的 3 ~4 个工作日,收到收取货款的信息,确认明细后,单击"提款"按钮。

#### 4. 联动支付

商户登录到 Wish 商户平台,在"Payment Setting"下的提供商选项中,选择"联动支付(UMPAY)。填写收款相关信息:银行名称、收款人姓名、收款人银行账号、电话号码和身份证号码,单击"更新支付信息"按钮。Wish 会在每月的 1 日和 15 日定期进行转款,没有中间账户,不需要商户的再次操作。

### (二)买家的付款方式

买家的付款方式有 ApplePay、PayPal 与信用卡付款。

## 六、Wish 物流

### (一)Wish 的物流选择向导

Wish 最常用的物流选择工具是 Wish 的物流选择向导。Wish 商户除了可以自行寻找物流承运商来自行配送自己的商品之外,也可以直接在 Wish 后台使用它的国际物流服务商来进行配送,如中邮速递(国际 e 邮宝)、YanWen(燕文专线)、Box 等。

对于 Wish 的商户来说,选择不同的物流,对于自身销售以及回款会有不同的影响,因此,Wish 提出物流服务商分级方案,也就是物流选择向导。Wish 的物流选择向导是为帮助商户选择优质物流服务商而设定的一个商户分级方案。

该方案将 Wish 认可的物流服务商分为四个等级,除等级 1 物流服务商外,其余等级均会有一列表,根据物流服务表现列出对应的物流服务商。等级 1 是 Wish Express,仅满足 Wish Express 妥投要求的 Express 订单可享受等级 1 的利好政策。等级 2 是具有高妥投率及低物流因素退款率的可靠物流服务商。等级 3 是具有高物流退款率及低妥投率的物流服务商。等级 4 是物流表现差的物流服务商,如具有极高物流因素退款率及极低妥投率。选择不同的物流服务商,会有不同的利好政策,具体内容如表 4-1 所示。

**表 4-1 Wish 物流服务商等级-利好政策**

| 利　好 | 等级 1 | 等级 2 | 等级 3 | 等级 4 |
|---|---|---|---|---|
| 获得更快的放款资格 | 是 | 是 | 是 | 是 |
| 享受 Wish Express 利好政策 | 是 | 否 | 否 | 否 |
| 获得全明星商户标志 | 是 | 是 | 否 | 否 |
| 曝光量增长 | 是 | 是 | 否 | 否 |

如果要获得更好的放款资格,也就是说提高收款效率,那么最好选择更高等级的物流服务商,如等级 1 的 Wish Express,这能更高效率地递送商品,也能更高效率地收到商品的货款。

### (二)Wish 邮

Wish 邮,也称 Wishpost,是由 Wish 和中国邮政共同推出的 Wish 专属商户跨境电商物流产品。"Wish 邮"可以为优质商户提供专属的集货仓、专线产品、专业仓储等一体化物流解决方案,并且所有"Wish 邮"订单将享受快速放款政策。

### (三)FBW

#### 1. FBW(Fulfilment By Wish)

类似于亚马逊的 FBA,FBW 是以 FBW 海外仓为支撑来构建的。FBW 海外仓也称 FBW 认证仓,是 Wish 与第三方物流商合作的物流形式,如 Wish 与斑马仓合作建成的 FBW-US 美国认证仓,与顺丰合作建成的 FBW-EU 欧洲仓。FBW 海外仓具有以下优势：

(1)使商家获得三倍及更多的流量。

(2)Wish Express 作为等级 1 的物流方式,在前端有差异化标识进行展示,并且结算会更加快速。

(3)帮助商户聚焦自己的核心价值运营环节,解决物流疑难问题,无后顾之忧。

(4)无须 Wish Express 的审核,更快捷地加入 Wish 海外仓项目。

(5)由于物流导致的订单配送延误,可以适当免责,并且仍然能够保证这个商品继续在 Wish Express 项目当中。

(6)被踢除五次的账号,仍然可以通过 FBW 项目参加海外仓项目。

(7)订单执行和运输完全由 FBW 认证仓处理。

(8)更高效的资金利用,海外认证仓内的作业费及尾程运费在 Wish 商户账户内扣减。

(9)如果是在保税仓库内的货物,可以更方便地运回中国,该优势适用于欧洲海外仓(FBW-EU)。

(10)对于欧洲 VAT 交税商户,则享有更好的无忧服务,由用户来承担 VAT,该优势也是适用于欧洲海外仓(FBW-EU)。

### 2. FBW 中国仓

FBW 构建了海外仓 FBW-US 和 FBW-EU,还构建了 FBW 中国仓,简称 FBW-CN。海外仓成本高、负担重,物流环节多,相对不容易控制,退款率高而有损利润,品类扩展受限,难于继续发展。为进一步优化消费者的购物体验,提升整个物流效率,加强物流环节的控制,提供更为顺畅的物流体验,Wish 推出了 FBW-CN 服务。

FBW-CN 是由 Wish 联合知名仓储服务商提供的升级物流解决方案,区别于 FBW-US&EU 的海外仓交付模式,FBW-CN 是针对中国国内直发产品设计的境内交付生态链升级方案,解决国内直发产品的配送问题。

## 必备技能实训

1. 分析某一跨境电商 C2C 平台的业务特点,例如 Shopee、Lazada、洋码头等。

2. 搜集跨境电商 C2C 创业案例素材并撰写案例。

# 附　录

## 一、速卖通 2020 年度各类目保证金一览表

速卖通 2020 年度各类目保证金一览表如表附-1 所示。

表　附-1

| 经营范围 | 经营大类 | 保证金/元人民币 | 可发布的类目 | 可共享发布的类目 |
|---|---|---|---|---|
| 1 | 珠宝手表（含精品珠宝） | 1 万 | Jewelry & Accessories 珠宝饰品及配件<br>Watches 手表 | Apparel Accessories 服饰配饰（男/女/儿童配件，婴儿配饰发到婴儿服装）<br>Men's Clothing 男装<br>Women's Clothing 女装<br>Novelty & Special Use 新奇特及特殊用途服装<br>Underwear，Socks，Sleep & Lounge Wear 男女内衣/家居服/袜子<br>Weddings & EventsWedding Accessories 婚庆配饰<br>Consumer Electronics > Smart Electronics > Wearable Devices > Wristbands 腕带<br>Consumer Electronics > Smart Electronics > Wearable Devices > Smart Watches 智能手表 |
| 2 | 服装服饰 | 1 万 | Apparel Accessories 服饰配饰<br>Men's Clothing 男装<br>Women's Clothing 女装<br>Novelty & Special Use 新奇特及特殊用途服装<br>Underwear，Socks Sleep & Lounge Wear 男女内衣/家居服/袜子 | 1. 珠宝饰品及配件、手表<br>2. 箱包部分类目<br>3. 孕婴童 > 儿童服装（2 岁以上）> 亲子装<br>4. 男女鞋类目<br>5. 泳装类目<br>6. Apparel Fabrics & Textiles 服装面辅料 & 纺织品 |
| 3 | 婚纱礼服 | 1 万 | Weddings & Events 婚礼及重要场合 | 1. Jewelry & Accessories Fashion Jewelry 流行饰品<br>2. Apparel Fabrics & Textiles 服装面辅料 & 纺织品 |

续表

| 经营范围 | 经营大类 | 保证金/元人民币 | 可发布的类目 | 可共享发布的类目 |
|---|---|---|---|---|
| 4 | 美容个护(含护肤品) | 1万 | Beauty & Health Tools & Accessories 工具/配件<br>Beauty & Health Tattoo & Body Art 纹身及身体彩绘<br>Beauty & Health Skin Care Tool 护肤工具<br>Beauty & Health Shaving & Hair Removal 剃须及脱毛产品<br>Beauty & Health Sanitary Paper 卫生用纸<br>Beauty & Health Oral Hygiene 口腔清洁<br>Beauty & Health Nail Art & Tools 美甲用品及修甲工具<br>Beauty & Health Makeup 彩妆<br>Beauty & Health Hair Care & Styling 头发护理/造型<br>Beauty & Health Bath & Shower 沐浴用品<br>Beauty & Health Fragrances & Deodorants 香氛/除臭芳香用品<br>Beauty & Health Skin Care 护肤品<br>Home Appliances > Personal Care Appliances > Toothbrushes Head 牙刷头<br>Powered Facial Cleansing Devices 动力面部清洁器具<br>Electric Shavers 电动剃须刀<br>Curling Irons 卷发棒<br>Epilator 拔毛<br>Electric Toothbrush 电动牙刷<br>Hair Dryers 吹风机<br>Straightening Irons 直发棒<br>Hair Trimmers 头发修剪器<br>Oral Irrigator 口腔冲洗器<br>Facial Steamer 面部蒸汽 | Massage & Relaxation 按摩<br>Massage Products 按摩产品<br>Massage Appliance 按摩器具 |
| 5 | 真人发(定向邀约制) | 5万 | Hair Extensions & Wigs Beauty SupplyHair Extensions & Wigs Hair Salon SupplyHair Extensions & Wigs Human WigsHair Extensions & Wigs Human Hair 1Hair Extensions & Wigs Human Hair 2 | Beauty & Health-Hair Care & Styling 美容与健康-护发与造型 |
| 6 | 化纤发(定向邀约制) | 1万 | Hair Extensions & Wigs Synthetic Hair 化纤发 | Beauty & Health-Hair Care & Styling 美容与健康-护发与造型 |
| 7 | 母婴玩具 | 1万 | Mother & Kids 孕婴童<br>Toys & Hobbies 玩具 | Shoes 鞋子 |
| 8 | 箱包鞋类 | 1万 | Luggage & Bags 箱包<br>Shoes 鞋子 | Mother & Kids Children's Shoes 童鞋<br>Men's Clothing 男装<br>Women's Clothing 女装<br>Mother & Kids Baby Shoes 婴儿鞋<br>Apparel Accessories 服饰配饰(男/女/儿童配件,婴儿配饰发到婴儿服装)<br>Novelty & Special Use World Apparel 世界民族服饰<br>Novelty & Special Use Stage & Dance Wear 舞台表演服和舞蹈服 |

续表

| 经营范围 | 经营大类 | 保证金/元人民币 | 可发布的类目 | 可共享发布的类目 |
|---|---|---|---|---|
| 9 | 健康保健 | 1万 | Beauty & Health Health Care 健康保健 | Beauty & Health-Sex Products-Safer Sex 安全/避孕<br>Skin Care Tool 护肤工具 |
| | 成人用品 | 1万 | Beauty & Health Sex Products 成人用品 | Novelty & Special Use-Exotic Apparel 情趣服装(不要发布日常穿着的性感内衣) |
| 10 | 3C数码(除内置存储、移动硬盘、U盘、刻录盘、电子烟、手机、电子元器件)(投影仪定向邀约) | 1万 | Security & Protection 安全防护<br>Office & School Supplies 办公文教用品<br>Phones & Telecommunications 电话和通信<br>Computer & Office 计算机和办公<br>Consumer Electronics 消费电子 | — |
| | 内置存储、移动硬盘、U盘、刻录盘 | 1万 | Computer & Office Internal Storage 内置存储(包含内置固态硬盘、存储卡、存储卡配件(读卡器、存储卡卡套/适配器/转卡器/内存卡盒)、固态硬盘托架和支架<br>Computer & Office External Storage 移动硬盘、U盘、刻录盘(包含刻录盘、外置机械移动硬盘、外置固态硬盘、硬盘壳包、硬盘盒、U盘) | |
| | 电子烟 | 3万 | Consumer Electronics Electronic Cigarettes 电子烟 | |
| | 手机 | 3万 | Phones & Telecommunications Mobile Phones 手机 | |
| 11 | 电子元器件(定向邀约制) | 1万 | Electronic Components & Supplies 电子元器件 | — |
| 12 | 汽摩配 | 1万 | Automobiles & Motorcycles 汽车、摩托车 | — |
| 13 | 家居家具家装灯具工具 | 1万 | Furniture 家具和室内装饰品<br>Home & Garden 家居用品<br>Home Improvement 家装(硬装)<br>Lights & Lighting 照明灯饰<br>Tools 工具 | — |
| 14 | 家用电器 | 1万 | Home Appliances 家用电器 | Hair Care & Styling 头发护理/造型<br>Skin Care Too 护肤工具<br>Shaving & Hair Removal 剃须及脱毛产品<br>Bath & Shower 沐浴用品 |

续表

| 经营范围 | 经营大类 | 保证金/元人民币 | 可发布的类目 | 可共享发布的类目 |
|---|---|---|---|---|
| 15 | 运动娱乐（含电动滑板车） | 1万 | Sports & Entertainment 运动及娱乐<br>Sports & Entertainment Cycling Self Balance Scooters 平衡车<br>Sports & Entertainment Roller, Skateboard & Scooters Scooters Electric Scooters 电动滑板车 | — |
| 16 | 特殊类 | — | Special Category（特殊类） | — |

注：1. 每个速卖通账号只准选取一个经营范围经营，并可在该经营范围下经营一个或多个经营大类。（只有9和10经营范围下有多个经营大类）

2. 保证金按店铺入驻的经营大类收取，如果店铺入驻多个经营大类（仅涉及9和10经营范围下），则保证金为多个经营大类中的最高金额。

3. 本保证金规则适用于2019年11月27日后入驻的新卖家，针对之前已经入驻的卖家，仍适用年费规则。

4. 部分经营大类下类目需要额外提供资质。

## 二、速卖通搜索作弊规则

卖家的商品如何才能排名靠前？首先，卖家的商品要如实描述且信息完整、准确；其次，卖家的商品与买家搜索或类目浏览的需求要非常相关，在这个基础上，综合考虑商品的转化能力和卖家过往的服务表现，商品转化能力好，卖家服务好的商品会排序靠前，但如果有相关的搜索作弊行为，将会大大影响卖家商品的排序甚至没有排序的机会。

### （一）常见的搜索作弊行为

（1）黑五类商品的乱放。订单链接、运费补差价链接、赠品、定金、新品预告等商品作为特殊商品存在于网站上面，但没有按规定放置到指定的特殊发布类目中。

（2）重复铺货骗曝光。卖家将同一件商品恶意发布为多个商品进行销售。

（3）重复开小账号抢曝光。卖家恶意注册多个账号发布相同商品进行销售。

（4）商品标题、关键词滥用。在商品的标题、关键词、简要描述、详细描述等处设置与商品本身不相关的品牌名称和描述用语，吸引更多买家注意或误导买家浏览自己的商品。

（5）商品发布类目乱发。将商品发布在不合适的类目中或设置错误的属性会影响网站产品类目列表以及属性筛选的准确性，进而影响到买家的搜索采购体验。

（6）商品超低价骗曝光。卖家发布偏离商品正常价值较大的商品，在默认和价格排序时，吸引买家注意，骗取曝光。

(7)商品价格与运费倒挂。卖家以超低价格发布商品,同时调高运费价格,吸引买家注意,骗取曝光。

(8)发布广告商品。以宣传店铺或者其他商品为目的,发布带有广告性质的商品,吸引买家访问,但不进行真实的销售。

(9)商品销量炒作。以提升商品的累积销量为目的,利用先卖低值商品,后转卖高值商品以及虚假交易的方式提升商品的累积销量,误导买家。

(10)卖家信用炒作。信用评价并非基于真实的交易体验,而主要是为了提高会员的信誉作出评价或接收评价的行为。

### (二)搜索作弊案例解析与处罚规则

为保障平台买家的搜索体验,同时给广大卖家提供一个公平竞争的经营环境,平台将持续加大力度打击、清理通过搜索作弊骗取曝光机会、排名靠前的行为,即搜索作弊行为。对于各种搜索作弊行为,平台将进行日常监控,依据搜索作弊规则进行处罚。

**1. 信息展示类-商品滥发**

(1)类目错放。

①定义。类目错放是指商品实际类别与发布商品所选择的类目不一致,如“布料”放到“婚纱”类目;赠品/补运费/补差价/VIP/dropshipping 等特殊交易未放置到其他特殊类。

这类错误可能导致网站前台商品展示在错误的类目下,平台将进行规范和处理,检查错放产品的这类信息,进行修改,新发产品也应正确填写类目信息。

②类目错放的处罚。平台将对类目错放的商品采取调整搜索排名、删除商品、下架商品的措施;如违反搜索作弊规则的商品累积到一定量,平台将对店铺内全部商品或部分商品(包括违规商品和非违规商品)采取调整搜索排名的措施;情节严重的,平台将对店铺内所有商品进行屏蔽;情节特别严重的,平台将冻结账户或关闭账户。

③情景举例。

举例1:将表壳错放在表带类目下,如图附-1 所示。

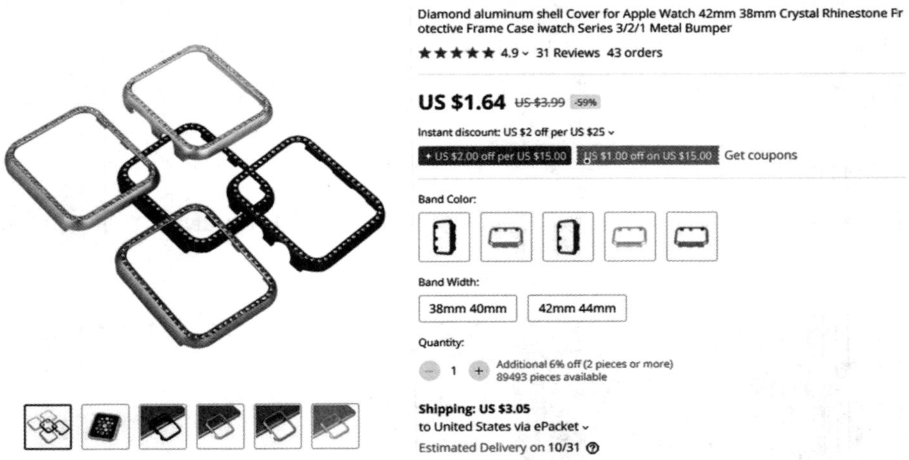


图 附-1

举例2:将补运费/差价链接放到Tools工具及其他类目,非Special Category特殊类目,如图附-2所示。

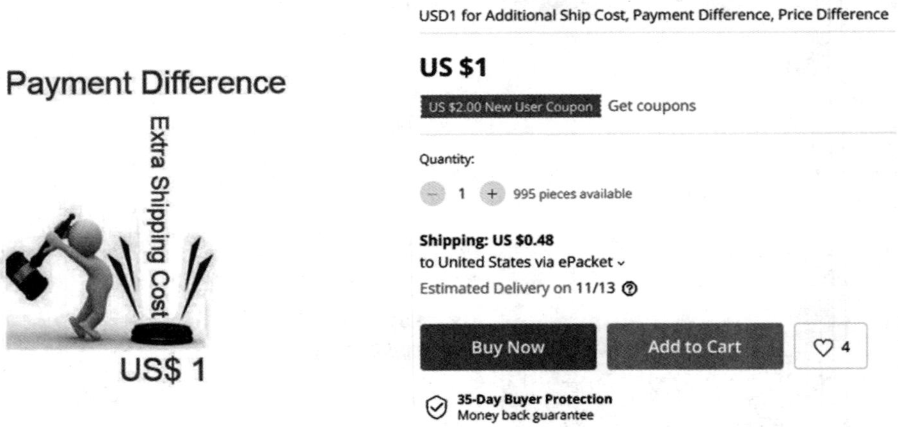


图 附-2

(2)标题描述违规。

①定义。标题描述违规是指标题关键词滥用,如标题无明确产品名称、标题关键词堆砌、标题产品名与实际不符、标题与类目不符、标题品牌词与实际不符、标题件数与实际可购买件数不一致等。

②标题描述违规的处罚。平台将对标题描述违规的商品采取调整搜索排名、删除

商品、下架商品的措施；如违反搜索作弊规则的商品累积到一定量，平台将对店铺内全部商品或部分商品（包括违规商品和非违规商品）采取调整搜索排名的措施；情节严重的，平台将对店铺内所有商品进行屏蔽；情节特别严重的，平台将冻结账户或关闭账户。

③情景举例。

举例1：商品实际为Hairpins发夹，但是标题中却出现了Headband发带，如图附-3所示。

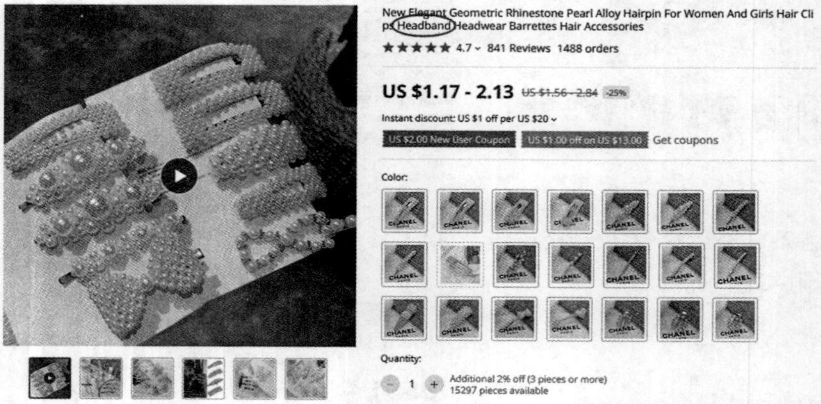


图 附-3

举例2：标题中反复使用Shoes这一关键词，如图附-4所示。

图 附-4

(3) 属性错选。

①定义。属性错选是指发布的商品虽然类目选择正确,但选择的属性与商品的实际属性不一致。

这类错误可能导致网站前台商品展示在错误的属性下,平台将进行规范和处理,卖家需检查错放产品的这项信息,进行修改,新发产品也应正确填写属性信息。

②属性错选的处罚。平台将对属性错选的商品采取调整搜索排名、删除商品、下架商品的措施;如违反搜索作弊规则的商品累积到一定量,平台将对店铺内全部商品或部分商品(包括违规商品和非违规商品)采取调整搜索排名的措施;情节严重的,平台将对店铺内所有商品进行屏蔽;情节特别严重的,平台将冻结账户或关闭账户。

③情景举例。

举例:该商品的领型为圆领,但是用户在发布时选择了"V 领"属性,如图附-5所示。

图　附-5

(4) 重复铺货。

①定义。重复铺货是指发布的产品信息与在同个店铺内或在同个卖家/平台基于多重特征认定的同个主体开立的其他店铺内已发布的产品信息完全相同或主要产品信息(如图片、标题、价格、属性等)雷同。

卖家发布商品时应避免直接引用已有商品的主图或者直接复制已有商品的标题和属性;卖家发布商品时除了在主图上体现差异外,应同时在标题、属性、详细描述等方面填写商品的关键信息。

②重复铺货的处罚。平台将对重复铺货的商品采取调整搜索排名、删除商品、下架商品的措施;如违反搜索作弊规则的商品累积到一定量,平台将对店铺内全部商品或部分商品(包括违规商品和非违规商品)采取调整搜索排名的措施;情节严重的,平台将对店铺内所有商品进行屏蔽;情节特别严重的,平台将冻结账户或关闭账户。

③情景举例。

举例1:同个店铺同件商品,商品主图完全相同,且标题、属性、价格等信息高度雷同,视为重复铺货。

举例2:同个店铺同件商品,只是主图拍摄角度或背景不同,但标题、属性、价格等信息高度雷同,视为重复铺货,如图附-6所示。

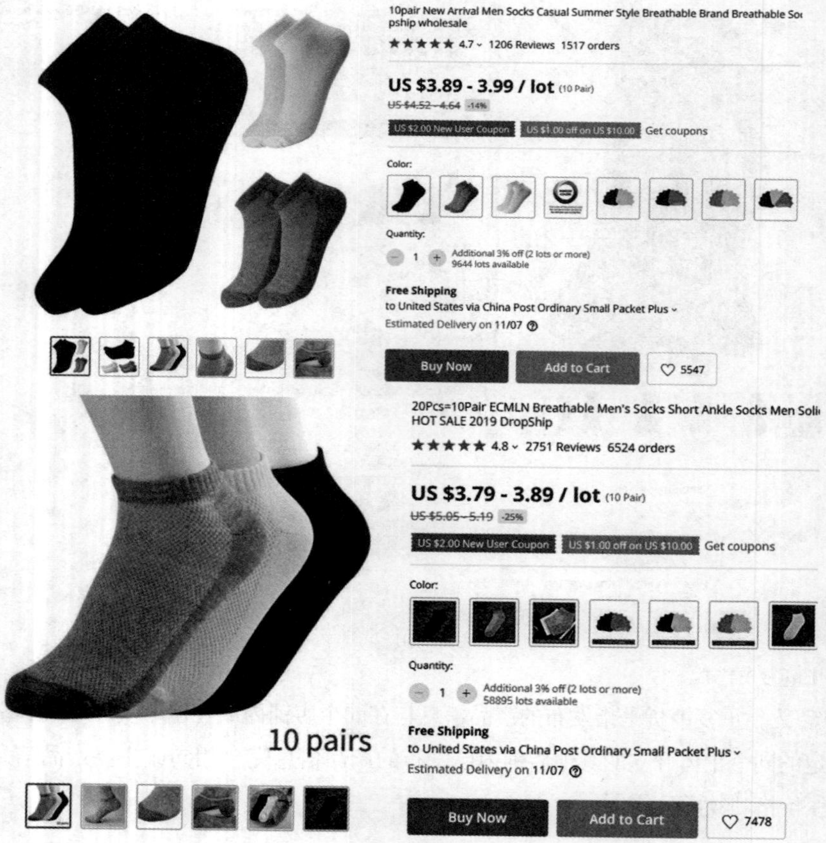


图 附-6

举例3:商品主图为不同颜色的主图,但标题、属性、价格等信息高度雷同,视为重复铺货。

(5)其他信息描述不合规。

①定义。其他信息描述不合规是指商品信息展示不规范,但不构成前述类目错放、标题描述违规、属性错选、重复铺货的行为,包括:商品主图内容不规范,如图片为纯文字、图片容易引起不适等;商品计量单位明显与常规销售方式不一致,如鞋子按只卖;发布的件数与实际可买件数不一致,如发布件数为100 pcs/lot,但实际可买件数只有50 pcs等容易引起买家投诉的行为。

②其他信息描述不合规的处罚。平台将对其他信息描述不合规的商品采取调整搜索排名、删除商品、下架商品的措施;如违反搜索作弊规则的商品累积到一定量,平台将对店铺内全部商品或部分商品(包括违规商品和非违规商品)采取调整搜索排名的措施;情节严重的,平台将对店铺内所有商品进行屏蔽;情节特别严重的,平台将冻结账户或关闭账户。

如果其他信息描述不合规亦构成《全球速卖通平台规则(卖家规则)》第八十六条第(六)款规定的其他不当发布行为,平台亦有权根据第八十六条第(六)款对卖家进行处罚。

**2. 价格作弊**

(1)产品超低价。

①定义。产品超低价是指卖家以较大偏离正常销售价格的低价发布商品。

②产品超低价的处罚。平台将对产品超低价的商品采取调整搜索排名、删除商品、下架商品的措施;如违反搜索作弊规则的商品累积到一定量,平台将对店铺内全部商品或部分商品(包括违规商品和非违规商品)采取调整搜索排名的措施;情节严重的,平台将对店铺内所有商品进行屏蔽;情节特别严重的,平台将冻结账户或关闭账户。

如果卖家存在大量产品超低价的违规行为,平台亦有权根据《全球速卖通"严重恶意超低价"规则》对卖家进行处罚。

③情景举例。举例:正常30美元以上的商品,以较大偏离正常销售价格的低价发布销售,如图附-7所示。

图　附-7

(2)产品超高价。

①定义。产品超高价是指卖家以较大偏离正常销售价格的高价发布商品。

②产品超高价的处罚。平台将对产品超高价的商品采取调整搜索排名、删除商品、下架商品的措施;如违反搜索作弊规则的商品累积到一定量,平台将对店铺内全部商品或部分商品(包括违规商品和非违规商品)采取调整搜索排名的措施;情节严重的,平台将对店铺内所有商品进行屏蔽;情节特别严重的,平台将冻结账户或关闭账户。

③情景举例。

举例:Bikinis Set 比基尼套装售价(US $ 1004.92)不正常,极大偏离正常销售价格。

(3)运费倒挂。

①定义。运费倒挂是指商品本身设置较低的价格,但是运费设置偏离正常运费的高价。

②运费倒挂的处罚。平台将对运费倒挂的商品采取调整搜索排名、删除商品、下架商品的措施;如违反搜索作弊规则的商品累积到一定量,平台将对店铺内全部商品或部分商品(包括违规商品和非违规商品)采取调整搜索排名的措施;情节严重的,平台将对店铺内所有商品进行屏蔽;情节特别严重的,平台将冻结账户或关闭账户。

③情景举例。

举例:运费超高,容易引起买家投诉,如图附-8 所示。

图　附-8

(4)SKU 作弊。

①定义。SKU 作弊是指卖家滥用 SKU 的设置功能(如以非常规方式设置规格、数量、单位、邮费等信息,或通过 SKU 的设置变更关键商品要素)发布偏离正常价格的高价或低价的 SKU,以及不支持出售(包括不支持按常规方式出售)或到达的 SKU。

②SKU 作弊的处罚。平台将对 SKU 作弊的商品采取调整搜索排名、删除商品、下架商品的措施;如违反搜索作弊规则的商品累积到一定量,平台将对店铺内全部商品或部分商品(包括违规商品和非违规商品)采取调整搜索排名的措施;情节严重的,平台将对店铺内所有商品进行屏蔽;情节特别严重的,平台将冻结账户或关闭账户。

如果 SKU 作弊亦构成《全球速卖通平台规则(卖家规则)》第八十六条第(六)款规定的其他不当发布行为,平台亦有权根据第八十六条第(六)款对卖家进行处罚。

③情形举例。举例 1:零库存 SKU,即 SKU 设置 0 库存,用户无法购买的情形,如图附-9所示。

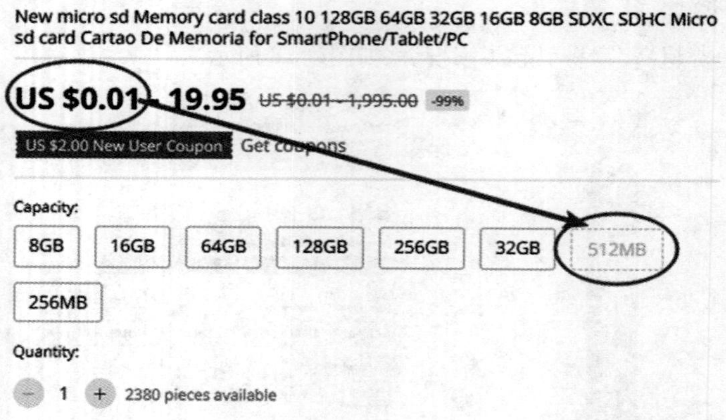


图　附-9

举例 2：无实物 SKU，即设置无实物 SKU，如无实物图片、无实际尺寸、SKU 描述为“运费“，或“None”“Other”等不明确词。

举例 3：无实际尺寸的 SKU 设置最低价引流，如图附-10 所示。

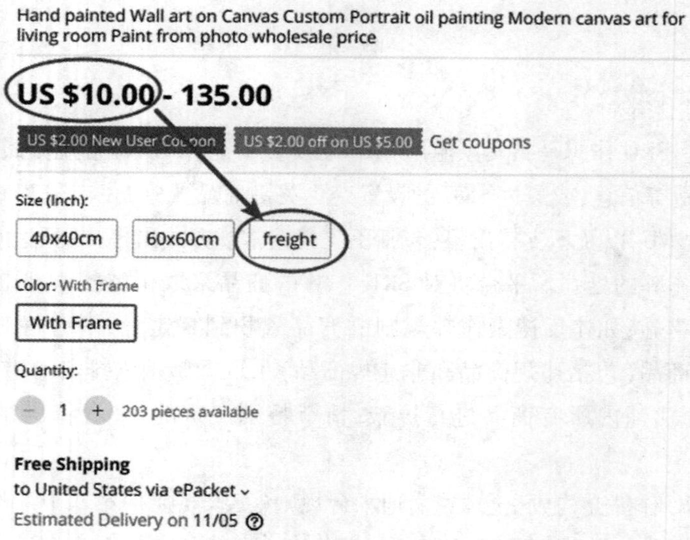


图　附-10

举例 4：不同类目的 SKU，即将分属不同类目的商品（如主件和零配件、套装和单品、上衣和裤子）同时放在一个商品的 SKU 里，如图附-11 所示。

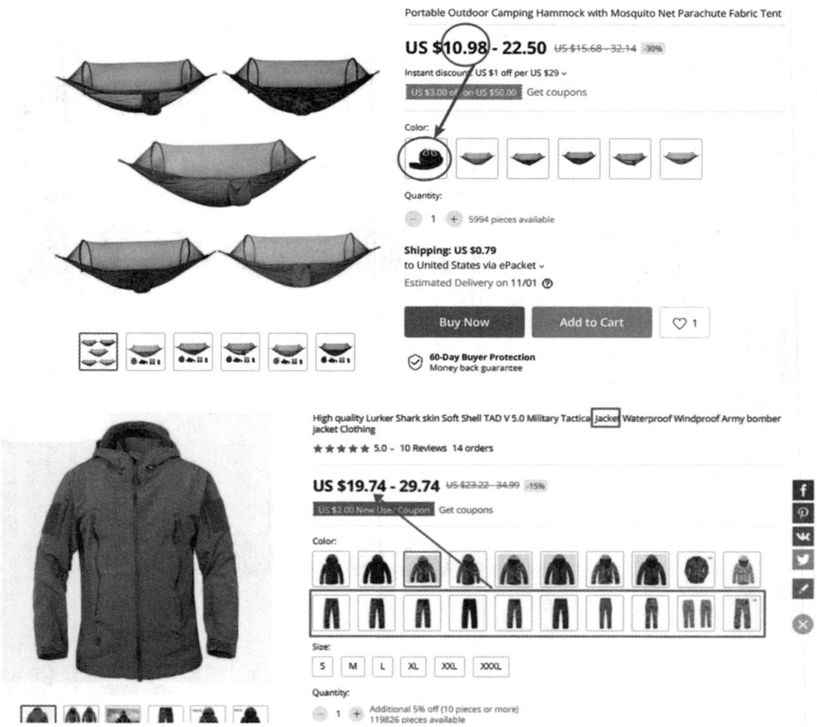


图 附-11

举例 5:不同功能/材质/款式 SKU,即将分属不同功能/材质/款式且价格相差较大的商品(如电动和非电动,PU 皮和真皮,高配版和低配版)放在同一个商品的 SKU 里。例如:将不同功能产品放在一起且利用低价款引流,如图附-12 所示。

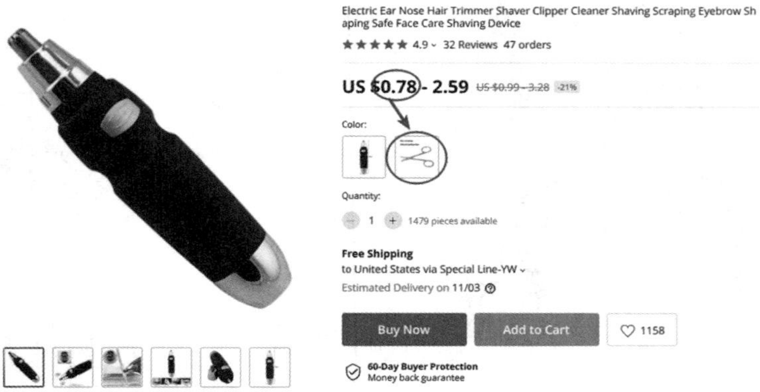


图 附-12

举例6:海外仓SKU作弊,即设置海外仓的商品无法到达海外仓所属国家,或通过海外仓设置实现运费倒挂等。

举例7:设置海外仓的商品无法到达海外仓所属国家,如ship from选美国,但无法运到美国,如图附-13所示。

图 附-13

举例8:通过海外仓设置实现运费倒挂,如同样的款式、尺寸,从中国发货的商品价格为10.08美元、零运费,从美国发货的商品价格为5.11美元、运费至美国为12.62美元,从美国发货的商品价格为5.11美元但无法送达除美国外国家(价格仅为展示),如图附-14所示。

图 附-14

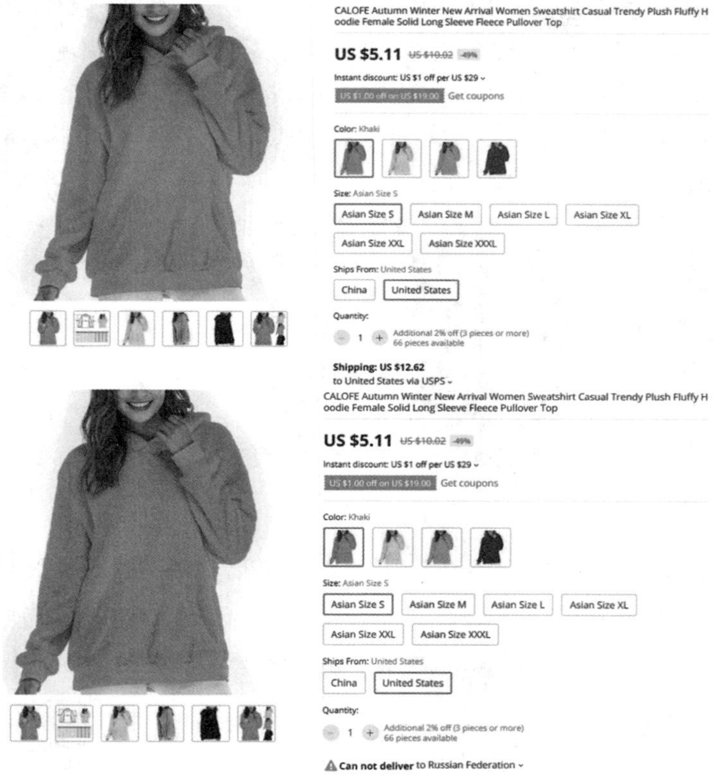


图　附-14(续)

举例9:价格异常SKU:设置部分价格异常SKU,明显超高或超低SKU价格。如正常尺码及颜色为1美元,其他个别尺码及颜色为40多万美元,如图附-15所示。

图　附-15

举例10:不同数量单位的SKU,即把数量单位(如件数)放在非数量单位的SKU中且价差大,或以非常规的数量单位发布,如在颜色属性中不放置颜色,而是放不同件数,且价差较大;将按双数卖的商品在SKU中分别放置单数和双数的SKU属性。

举例11:Color属性设置不同件数,价差大,最低价与主图展示配置不符,容易引发用户投诉,如图附-16所示。

图　附-16

举例12:标题及发布单位均为100pcs,size中却设置10pcs,容易引发用户投诉,如图附-17所示。

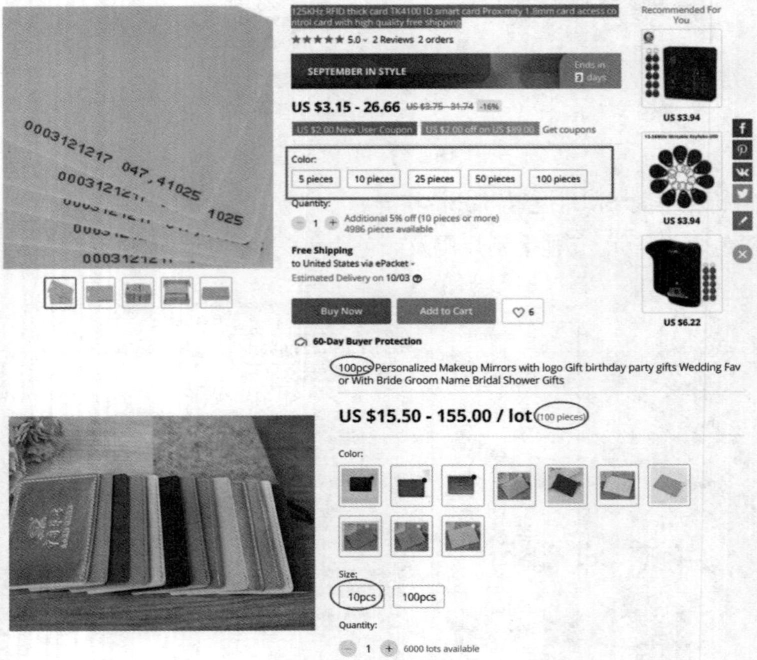


图　附-17

举例 13:常规按双卖的商品将一只和一双放在同一个商品链接,如图附-18 所示。

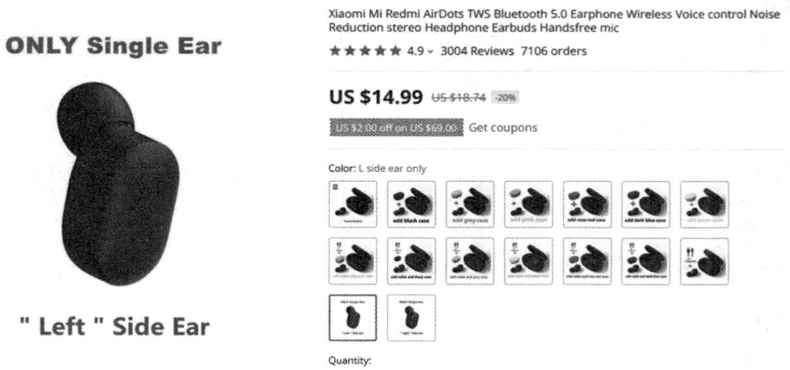


图　附-18

### 3. 交易行为类

(1)信用及销量炒作。

①定义。信用及销量炒作是指通过非正常交易手段提高商品销量及信用的行为。

②信用及销量炒作的处罚机制:

如属于首次信用及销量炒作的,平台将删除信用及销量,调整搜索排名,删除商品,下架商品,对所涉订单进行关闭、退款,并根据其违规行为的严重程度,给予 6 分/次、12 分/次、24 分/次、48 分/次或关闭账户的处罚。

如属于第二次及以上信用及销量炒作的,不论严重程度,平台均有权直接关闭账户;如平台不采取关闭账户的措施,则平台有权采取其他处罚措施,包括删除信用及销量,调整搜索排名,删除商品,下架商品,对所涉订单进行关闭、退款,扣除积分。

平台将定期向社会公布“炒信”商家的清退罚单,对通过炒信提升虚假信誉用于售假、售劣的商家,不惜一切代价严厉打击并追究其法律责任,请广大卖家务必引以为戒,诚信经营。

(2)更换产品。

①定义。更换产品是指通过编辑已发布商品类目、品牌、型号、配置、材质、功能等关键属性使其成为另一款商品。如商品更新换代,卖家应发布新品;因商品更新换代编辑已发布商品的属于更换产品。

②更换产品的处罚。平台将对更换产品的商品采取调整搜索排名、删除商品、下架商品的措施;如违反搜索作弊规则的商品累积到一定量,平台将对店铺内全部商品或部分商品(包括违规商品和非违规商品)采取调整搜索排名的措施;情节严重的,平台将对店铺内所有商品进行屏蔽;情节特别严重的,平台将冻结账户或关闭

账户。

③情景举例。

举例1:原出售商品为袜子,现出售商品为T恤。

举例2:原出售商品为A品牌的运动鞋,现出售商品为B品牌的运动鞋。

举例3:原出售商品为版本6,现出售商品为版本6s。

举例4:原出售商品为无遥控功能的玩具,现出售商品为有遥控功能的玩具。

### (三)搜索处罚调控的常见手段

搜索处罚调控的手段作用于卖家的单个商品或卖家的所有商品,根据违规情节的严重程度在力度上也有所区别,主要有以下三种手段:

(1)搜索降权、排名靠后:一定时间内单个商品或卖家的所有商品的排名较之前有较大幅度的下降,甚至全部只出现在任何关键词搜索结果的最后。

(2)搜索屏蔽、不参与排名:一定时间内单个商品或卖家的所有商品在搜索结果中不出现。

(3)搜索过滤、商品隐藏:在买家搜索时,默认不展示相应的商品,点击特殊链接后展示。

## 三、速卖通无品牌(无须品牌资质申请)发布的类目(部分)

| 一级类目 | 二级类目 | 三级类目 | 四级类目 |
|---|---|---|---|
| Lights&Lighting | Lighting Accessories | LED Chips | LED Chips |
| 照明灯饰 | 照明附件 | LED 芯片 | LED 芯片 |
| Apparel Accessories | Eyewear & Accessories | Blue Light Blocking Glasses | Blue Light Blocking Glasses |
| 服饰配饰 | 眼镜及配件 | 防蓝光眼镜 | 防蓝光眼镜 |
| Home Improvement | Family Intelligence System | Smart/fuman Body Sensors | Smart Human Body Sensors |
| 家装(硬装) | 家庭智能系统 | 智能人体传感器 | 智能人体传感器 |
| Phones & Telecommunication | Walkie Talkie Parts & Accessories | Walkie Talkie Parts & Accessories | Walkie Talkie Parts & Accessories |
| 电话和通信 | 对讲机配附件 | 对讲机配附件 | 对讲机配附件 |
| Consumer Electronics | Camera & Photo | Camera Replacement Parts | Image Sensor |
| 消费电子 | 摄影摄像 | 相机维修件 | 图像传感器 |
| Consumer Electronics | Portable Audio & Video | Audio & Video Replacement Parts | DAC Module |
| 消费电子 | 便携音视频设备 | 音视频设备专业部件 | 音视频解码模块 |
| Consumer Electronics | Accessories & Parts | Battery Accessories & Charger Accessories | Battery Accessories & Charger Accessories |
| 消费电子 | 零配件 | 电池零配件和充电器零配件 | 电池零配件和充电器零配件 |

| | | | |
|---|---|---|---|
| Consumer Electronics | Camera & Photo | Camera Replacement Parts | Main Processor |
| 消费电子 | 摄影摄像 | 相机维修件 | 主控芯片/主控方案 |
| Consumer Electronics | Camera & Photo | Camera Replacement Parts | Camera Motherboard |
| 消费电子 | 摄影摄像 | 相机维修件 | 相机主板 |
| Consumer Electronics | Portable Audio & Video | Audio & Video Replacement Parts | Voice Recognition/Control Modules |
| 消费电子 | 便携音视频设备 | 音视频设备专业部件 | 语音识别/控制模块 |
| Consumer Electronics | Portable Audio & Video | Audio & Video Replacement Parts | Shell&Body Parts |
| 消费电子 | 便携音视频设备 | 音视频设备专业部件 | 外壳和机身零件 |
| Consumer Electronics | Portable Audio & Video | Audio & Video Replacement Parts | Display Screen |
| 消费电子 | 便携音视频设备 | 音视频设备专业部件 | 显示屏 |
| Consumer Electronics | Portable Audio & Video | Audio & Video Replacement Parts | Flex Cables |
| 消费电子 | 便携音视频设备 | 音视频设备专业部件 | 排线 |
| Consumer Electronics | Camera & Photo | Camera Replacement Parts | Viewfinder |
| 消费电子 | 摄影摄像 | 相机维修件 | 取景器 |
| Consumer Electronics | Portable Audio & Video | Audio & Video Replacement Parts | Wireless Module |
| 消费电子 | 便携音视频设备 | 音视频设备专业部件 | 无线模块 |
| Consumer Electronics | Camera & Photo | Camera Replacement Parts | System Accessories |
| 消费电子 | 摄影摄像 | 相机维修件 | 内部系统零件 |
| Consumer Electronics | Camera & Photo | Camera Replacement Parts | Body Parts |
| 消费电子 | 摄影摄像 | 相机维修件 | 机身零件 |
| Consumer Electronics | Portable Audio & Video | Audio & Video Replacement Parts | Circuits |
| 消费电子 | 便携音视频设备 | 音视频设备专业部件 | 电路板 |
| Consumer Electronics | Portable Audio & Video | Audio & Video Replacement Parts | Operational Amplifier Chips |
| 消费电子 | 便携音视频设备 | 音视频设备专业部件 | 音频放大器模块 |
| Security & Protection | Security Inspection Device | Security Inspection Gate | Security Inspection Gate |
| 安全防护 | 安检防爆检测设备 | 安检门机 | 安检门机 |
| Security & Protection | Security Inspection Device | Combustible Gas Detectors | Combustible Gas Detectors |
| 安全防护 | 安检防爆检测设备 | 可燃气体检测仪 | 可燃气体检测仪 |
| Security &Protection | SecurityInspection Device | Shoe Metal Detectors | Shoe Metal Detectors |
| 安全防护 | 安检防爆检测设备 | 鞋内金属探测仪 | 鞋内金属探测仪 |
| Security & Protection | Security Inspection Device | Security Metal Detectors | Security Metal Detectors |
| 安全防护 | 安检防爆检测设备 | 安检金属探测仪 | 安检金属探测仪 |
| Security & Protection | Fire Protection | Combustible Gas Alarmer | Combustible Gas Alarmer |
| 安全防护 | 消防器材 | 燃气报警器 | 燃气报警器 |
| Security & Protection | Disaster-relief Supplies | Life Detector | Life Detector |
| 安全防护 | 救灾用品 | 生命特征探测仪 | 生命特征探测仪 |
| Security & Protection | Disaster-relief Supplies | Waterproof Match | Waterproof Match |
| 安全防护 | 救灾用品 | 应急防风防水火柴 | 应急防风防水火柴 |
| Security & Protection | Disaster-relief Supplies | Wellington Boots | Wellington Boots |

| | | | |
|---|---|---|---|
| 安全防护 | 救灾用品 | 防洪防酸碱雨靴 | 防洪防酸碱雨靴 |
| Security & Protection | Disaster-relief Supplies | Conjoined Raincoat | Conjoined Raincoat |
| 安全防护 | 救灾用品 | 防洪连体雨衣 | 防洪连体雨衣 |
| Security & Protection | Disaster-relief Supplies | Flood Woven Bag | Flood Woven Bag |
| 安全防护 | 救灾用品 | 防洪编织袋 | 防洪编织袋 |
| Security & Protection | Smart Card System | Car Parking Equipment | Parking Counter |
| 安全防护 | 智能一卡通系统 | 智能停车设备 | 车位自动计数器 |
| Security & Protection | Smart Card System | Car Parking Equipment | Barrier Arm |
| 安全防护 | 智能一卡通系统 | 智能停车设备 | 道闸栏杆 |
| Security & Protection | Building Automation | Lightning Protection | Lightning Detector |
| 安全防护 | 楼宇自动化 | 防雷接地装置 | 防雷检测仪 |
| Security & Protection | Building Automation | Automatic Meter Reading | Automatic Meter Reading |
| 安全防护 | 楼宇自动化 | 自动抄表设备 | 自动抄表设备 |
| Security & Protection | Building Automation | Generic Cabling System | Generic Cabling System |
| 安全防护 | 楼宇自动化 | 综合布线设备 | 综合布线设备 |
| Security &Protection | Building Automation | Automatic Gas Valve | Automatic Gas Valve |
| 安全防护 | 楼宇自动化 | 燃气电动控制阀 | 燃气电动控制阀 |
| Security & Protection | IoT Devices | RFID Antenna | RFID Antenna |
| 安全防护 | 物联传感设备 | RFID 天线 | RFID 天线 |
| Security & Protection | Smart Card System | Car Parking Equipment | Import & Export Boxes |
| 安全防护 | 智能一卡通系统 | 智能停车设备 | 出入口票箱 |
| Security & Protection | Smart Card System | Car Parking Equipment | Barrier Gate |
| 安全防护 | 智能一卡通系统 | 智能停车设备 | 自动道闸 |
| Security & Protection | Public Broadcasting | Lawn Speaker | Lawn Speaker |
| 安全防护 | 公共应急广播系统 | 草坪音箱 | 草坪音箱 |
| Security & Protection | Public Broadcasting | Power Amplifier | Power Amplifier |
| 安全防护 | 公共应急广播系统 | 功率放大器 | 功率放大器 |
| Security & Protection | Self Defense Supplies | Self-defense Baton | Self-defense Baton |
| 安全防护 | 自卫防身及安保用品 | 防身甩棍 | 防身甩棍 |
| Security & Protection | Self Defense Supplies | Bulletproof Helmet | Bulletproof Helmet |
| 安全防护 | 自卫防身及安保用品 | 防弹头盔 | 防弹头盔 |
| Security & Protection | Security Alarm | Sensor & Detector | Ultrasonic Alarm Detector |
| 安全防护 | 防盗报警设备 | 防盗报警传感器 | 超声波报警探测器 |
| Security & Protection | Security Alarm | Sensor & Detector | Vibration Detector |
| 安全防护 | 防盗报警设备 | 防盗报警传感器 | 振动报警探测器 |
| Security & Protection | Security Alarm | Anti Candid Camera Detector | Anti Candid Camera Detector |
| 安全防护 | 防盗报警设备 | 防偷拍探测器 | 防偷拍探测器 |
| Security & Protection | Security Alarm | Alarm Keyboard | Alarm Keyboard |

| | | | |
|---|---|---|---|
| 安全防护 | 防盗报警设备 | 报警操作键盘 | 报警操作键盘 |
| Security & Protection | Security Alarm | Alarm Remote Controller | Alarm Remote Controller |
| 安全防护 | 防盗报警设备 | 布撤防遥控器 | 布撤防遥控器 |
| Security &Protection | Intercom | Bank Intercom | ATM Intercom |
| 安全防护 | 楼宇对讲 | 银行呼叫对讲 | ATM 求助可视对讲机 |
| Security & Protection | Intercom | Door Phone | Door Phone |
| 安全防护 | 楼宇对讲 | 门口机 | 门口机 |
| Security & Protection | Access Control | Electric Lock | Electric Hotel Lock |
| 安全防护 | 门禁 | 门禁电锁(用钥匙开门的机械锁请发布在家装锁具下) | 酒店电子锁(一体化锁) |
| Security & Protection | Smart Card System | RFID POS System | Mobile POS |
| 安全防护 | 智能一卡通系统 | IC 卡消费系统 | 手持式移动消费机 |
| Security & Protection | Smart Card System | Guard Tour System | Patrol Recorder |
| 安全防护 | 智能一卡通系统 | 电子巡更 | 巡更棒 |
| Security & Protection | Security Inspection Device | Dangerous Liquid Detectors | Dangerous Liquid Detectors |
| 安全防护 | 安检防爆检测设备 | 危险液体检测仪 | 危险液体检测仪 |
| Security & Protection | Fire Protection | Fire Escape Device | Fire Escape Device |
| 安全防护 | 消防器材 | 消防逃生缓降器 | 消防逃生缓降器 |
| Security & Protection | Disaster-relief Supplies | Water Filter | Water Filter |
| 安全防护 | 救灾用品 | 求生应急净水滤水器 | 求生应急净水滤水器 |
| Security & Protection | Smart Card System | Car Parking Equipment | Parking Guidance Controller |
| 安全防护 | 智能一卡通系统 | 智能停车设备 | 车位诱导控制器 |
| Security & Protection | Smart Card System | Car Parking Equipment | Parking Lock |
| 安全防护 | 智能一卡通系统 | 智能停车设备 | 车位锁 |
| Security & Protection | Building Automation | Lightning Protection | Earthing Device |
| 安全防护 | 楼宇自动化 | 防雷接地装置 | 接地装置 |
| Security & Protection | Building Automation | Leakage Sensor | Leakage Sensor |
| 安全防护 | 楼宇自动化 | 漏水探测传感器 | 漏水探测传感器 |
| Security & Protection | Public Broadcasting | Audio Matrix | Audio Matrix |
| 安全防护 | 公共应急广播系统 | 音频切换矩阵 | 音频切换矩阵 |
| Security &Protection | Public Broadcasting | Broadcasting Controller | Broadcasting Controller |
| 安全防护 | 公共应急广播系统 | 音源播控机 | 音源播控机 |
| Security & Protection | Public Broadcasting | Media Player | Media Player |
| 安全防护 | 公共应急广播系统 | 多媒体播放机 | 多媒体播放机 |
| Security & Protection | Workplace Safety Supplies | Noise Protection Equipment | Noise Proof Earplug |
| 安全防护 | 劳动保护用品 | 噪声防护器具 | 噪声防护耳塞 |
| Security & Protection | Workplace Safety Supplies | Noise Protection Equipment | Noise Earmuffs |
| 安全防护 | 劳动保护用品 | 噪声防护器具 | 噪声防护耳罩 |
| Security & Protection | Access Control | Automatic Extension Door | Automatic Extension Door |

| | | | |
|---|---|---|---|
| 安全防护 | 门禁 | 自动伸缩门 | 自动伸缩门 |
| Security & Protection | Self Defense Supplies | Riot Fork | Riot Fork |
| 安全防护 | 自卫防身及安保用品 | 防卫防暴钢叉 | 防卫防暴钢叉 |
| Security & Protection | Self Defense Supplies | Defense Flashlight Stick | Defense Flashlight Stick |
| 安全防护 | 自卫防身及安保用品 | 防身闪光手电 | 防身闪光手电 |
| Security & Protection | Self Defense Supplies | Anti-Scan Card Sleeve | Anti-Scan Card Sleeve |
| 安全防护 | 自卫防身及安保用品 | 防扫描卡套 | 防扫描卡套 |
| Security & Protection | Self Defense Supplies | Defense Tactical Pen | Defense Tactical Pen |
| 安全防护 | 自卫防身及安保用品 | 防身战术笔 | 防身战术笔 |
| Security & Protection | Self Defense Supplies | Defense Stinger | Defense Stinger |
| 安全防护 | 自卫防身及安保用品 | 防身刺锥 | 防身刺锥 |
| Security & Protection | Safes | Car Safes | Car Safes |
| 安全防护 | 保险柜/保险箱 | 车船载保险柜 | 车船载保险柜 |
| Security & Protection | Security Alarm | Sensor & Detector | Laser Alarm Detector |
| 安全防护 | 防盗报警设备 | 防盗报警传感器 | 激光报警探测器 |
| Security &Protection | Security Alarm | Sensor & Detector | Combustible Gas Detector |
| 安全防护 | 防盗报警设备 | 防盗报警传感器 | 可燃气体探测器 |
| Security & Protection | Security Alarm | Sensor & Detector | Welcome Chime Bell |
| 安全防护 | 防盗报警设备 | 防盗报警传感器 | 电子感应铃迎宾器 |
| Security & Protection | Security Alarm | EAS System | Hook Detacher |
| 安全防护 | 防盗报警设备 | 商品电子防盗系统 | 拆卸器 |
| Security & Protection | Access Control | Card Sender | Card Sender |
| 安全防护 | 门禁 | 发卡器 | 发卡器 |
| Security & Protection | Security Alarm | Anti-Lost Alarm | Elder SOS Tracker |
| 安全防护 | 防盗报警设备 | 防丢失报警设备 | 老人定位报警器 |
| Security & Protection | Access Control | Electric Lock | Lock Bracket |
| 安全防护 | 门禁 | 门禁电锁(用钥匙开门的机械锁请发布在家装锁具下) | 电锁安装支架 |
| Security & Protection | Security Inspection Device | Leak Detectors | Leak Detectors |
| 安全防护 | 安检防爆检测设备 | 测漏仪 | 测漏仪 |
| Security & Protection | Fire Protection | Fire Telephone | Fire Telephone |
| 安全防护 | 消防器材 | 消防电话 | 消防电话 |
| Security & Protection | Fire Protection | Fire Insulation Pliers | Fire Insulation Pliers |
| 安全防护 | 消防器材 | 消防专用绝缘剪钳 | 消防专用绝缘剪钳 |
| Security & Protection | Fire Protection | Fire Hydrant Wrench | Fire Hydrant Wrench |
| 安全防护 | 消防器材 | 消防栓专用扳手 | 消防栓专用扳手 |
| Security & Protection | Fire Protection | Fire Helmet | Fire Helmet |
| 安全防护 | 消防器材 | 消防防火头盔 | 消防防火头盔 |
| Security & Protection | Disaster-relief Supplies | Eliminator | Eliminator |

| | | | |
|---|---|---|---|
| 安全防护 | 救灾用品 | 防洪挡水板 | 防洪挡水板 |
| Security & Protection | Smart Card System | Car Parking Equipment | Long Range Card |
| 安全防护 | 智能一卡通系统 | 智能停车设备 | 远距离识读标签 |
| Security & Protection | Smart Card System | Car Parking Equipment | Parking Guidance System |
| 安全防护 | 智能一卡通系统 | 智能停车设备 | 车位引导设备 |
| Security & Protection | Building Automation | BA Accessories | BA Accessories |
| 安全防护 | 楼宇自动化 | 楼控配件 | 楼控配件 |
| Security & Protection | Building Automation | Air Quality Sensor | Air Quality Sensor |
| 安全防护 | 楼宇自动化 | 空气质量传感器 | 空气质量传感器 |
| Security & Protection | Building Automation | PIR Motion Sensor | PIR Motion Sensor |
| 安全防护 | 楼宇自动化 | 人体感应器 | 人体感应器 |
| Security & Protection | Workplace Safety Supplies | Protective Helmet | Protective Helmet |
| 安全防护 | 劳动保护用品 | 防护头盔 | 防护头盔 |
| Security & Protection | Safes | Mechanical Safes | Mechanical Safes |
| 安全防护 | 保险柜/保险箱 | 机械保险柜 | 机械保险柜 |
| Security & Protection | Security Alarm | Sensor & Detector | Leakage Alarm Detector |
| 安全防护 | 防盗报警设备 | 防盗报警传感器 | 漏水报警探测器 |
| Security & Protection | Security Alarm | Sensor & Detector | Infrared Beam Detector |
| 安全防护 | 防盗报警设备 | 防盗报警传感器 | 红外对射探测器 |
| Security & Protection | Security Alarm | Anti Wiretapping Detector | Anti Wiretapping Detector |
| 安全防护 | 防盗报警设备 | 反窃听探测器 | 反窃听探测器 |
| Security & Protection | Security Alarm | Anti-counterfeiting Equipment | Anti-counterfeiting Equipment |
| 安全防护 | 防盗报警设备 | 防伪设备 | 防伪设备 |
| Security & Protection | Security Alarm | Emergency Alarm Button | Emergency Alarm Button |
| 安全防护 | 防盗报警设备 | 紧急报警按钮 | 紧急报警按钮 |
| Security & Protection | Intercom | Intercom Center | Intercom Center |
| 安全防护 | 楼宇对讲 | 中心管理机 | 中心管理机 |
| Security & Protection | Intercom | Indoor Monitor | Indoor Monitor |
| 安全防护 | 楼宇对讲 | 室内机 | 室内机 |
| Security & Protection | Access Control | Identity Card Scanner | Identity Card Scanner |
| 安全防护 | 门禁 | 证件扫描识别仪 | 证件扫描识别仪 |
| Security & Protection | Access Control | Electric Lock | Push Bar Lock |
| 安全防护 | 门禁 | 门禁电锁(用钥匙开门的机械锁请发布在家装锁具下) | 消防逃生推杠锁 |
| Security & Protection | Access Control | Electric Lock | Electric Strike |
| 安全防护 | 门禁 | 门禁电锁(用钥匙开门的机械锁请发布在家装锁具下) | 电锁口(阴极锁) |
| Security & Protection | Access Control | Electric Lock | Password Lock |
| 安全防护 | 门禁 | 门禁电锁(用钥匙开门的机械锁请发布在家装锁具下) | 密码锁(一体化锁) |

| | | | |
|---|---|---|---|
| Security & Protection | Smart Card System | Guard Tour System | Data Interface |
| 安全防护 | 智能一卡通系统 | 电子巡更 | 通信座 |
| Security & Protection | Smart Card System | Guard Tour System | Fingerprint Recorder |
| 安全防护 | 智能一卡通系统 | 电子巡更 | 指纹巡更机 |
| Security & Protection | Security Inspection Device | Vehicle Chassis Detectors | Vehicle Chassis Detectors |
| 安全防护 | 安检防爆检测设备 | 车底视频检查镜 | 车底视频检查镜 |
| Security & Protection | Fire Protection | Fire Belt | Fire Belt |
| 安全防护 | 消防器材 | 消防防坠腰带 | 消防防坠腰带 |
| Security & Protection | Fire Protection | Fire Mask | Fire Mask |
| 安全防护 | 消防器材 | 消防防火面罩 | 消防防火面罩 |
| Security & Protection | Disaster-relief Supplies | Emergency Blanket | Emergency Blanket |
| 安全防护 | 救灾用品 | 救援应急毯 | 救援应急毯 |
| Security & Protection | Disaster-relief Supplies | Flood Sandbag | Flood Sandbag |
| 安全防护 | 救灾用品 | 防洪沙袋 | 防洪沙袋 |
| Security & Protection | Smart Card System | Car Parking Equipment | ETC Device |
| 安全防护 | 智能一卡通系统 | 智能停车设备 | ETC 设备 |
| Security & Protection | Smart Card System | Car Parking Equipment | Parking Guidance Display |
| 安全防护 | 智能一卡通系统 | 智能停车设备 | 车位诱导显示屏 |
| Security & Protection | Smart Card System | Car Parking Equipment | Card Dispenser Machine |
| 安全防护 | 智能一卡通系统 | 智能停车设备 | 发卡吞卡机 |
| Security & Protection | Building Automation | Automatic Irrigation System | Automatic Irrigation System |
| 安全防护 | 楼宇自动化 | 自动灌溉控制模块 | 自动灌溉控制模块 |
| Security & Protection | Building Automation | PM2. 5 Sensor | PM2. 5 Sensor |
| 安全防护 | 楼宇自动化 | PM2. 5 传感器 | PM2. 5 传感器 |
| Security & Protection | Building Automation | Host Hub | Host Hub |
| 安全防护 | 楼宇自动化 | 控制主机 | 控制主机 |
| Security & Protection | IoT Devices | NFC Card | NFC Card |
| 安全防护 | 物联传感设备 | NFC 卡片 | NFC 卡片 |
| 安全防护 | 公共应急广播系统 | 音柱 | 音柱 |
| Security & Protection | Workplace Safety Supplies | Portable Ground Lead | Portable Ground Lead |
| 安全防护 | 劳动保护用品 | 个人保安接地线/钳 | 个人保安接地线/钳 |
| Security & Protection | Self Defense Supplies | Tactical Vest | Tactical Vest |
| 安全防护 | 自卫防身及安保用品 | 安保战术服 | 安保战术服 |
| Security & Protection | Safes | Fire-proof Safes | Fire-proof Safes |
| 安全防护 | 保险柜/保险箱 | 防火保险柜 | 防火保险柜 |
| Security & Protection | Safes | Fingerprint Safes | Fingerprint Safes |
| 安全防护 | 保险柜/保险箱 | 指纹密码保险柜 | 指纹密码保险柜 |
| Security & Protection | Security Alarm | EAS System | EAS Deactivator |
| 安全防护 | 防盗报警设备 | 商品电子防盗系统 | EAS 解码器 |

| | | | |
|---|---|---|---|
| Security & Protection | Security Alarm | Alarm Host | Alarm Host |
| 安全防护 | 防盗报警设备 | 报警主机 | 报警主机 |
| Security & Protection | Intercom | Bank Intercom | Counter Intercom |
| 安全防护 | 楼宇对讲 | 银行呼叫对讲 | 柜员窗口对讲机 |
| Security & Protection | Access Control | Electronic Bolt | Electronic Bolt |
| 安全防护 | 门禁 | 电子门栓 | 电子门栓 |
| Security & Protection | Access Control | Visitor Registration System | Visitor Registration System |
| 安全防护 | 门禁 | 门禁访客登记机 | 门禁访客登记机 |
| Security & Protection | Security Alarm | Anti-Lost Alarm | Portable GPS Tracker |
| 安全防护 | 防盗报警设备 | 防丢失报警设备 | 便携式个人 GPS 定位器 |
| Security & Protection | Access Control | Elevator Access Control | Elevator Reader |
| 安全防护 | 门禁 | 电梯门禁控制系统 | 电梯门禁读卡器 |
| Security & Protection | Access Control | Electric Lock | Facial Recognition Lock |
| 安全防护 | 门禁 | 门禁电锁(用钥匙开门的机械锁请发布在家装锁具下) | 人脸识别锁(一体化锁) |
| Security & Protection | Smart Card System | RFID POS System | RFID POS Accessories |
| 安全防护 | 智能一卡通系统 | IC 卡消费系统 | 消费机配件 |
| Security & Protection | Smart Card System | Electric Attendance | Smartphone Attendance |
| 安全防护 | 智能一卡通系统 | 电子考勤机 | 手机刷卡考勤机 |
| Security & Protection | Smart Card System | Electric Attendance | Palm Recognition Attendance |
| 安全防护 | 智能一卡通系统 | 电子考勤机 | 掌型仪考勤机 |
| Security & Protection | Smart Card System | Electric Attendance | Iris Attendance |
| 安全防护 | 智能一卡通系统 | 电子考勤机 | 虹膜考勤机 |
| Security & Protection | Smart Card System | RFID POS System | Recharging POS |
| 安全防护 | 智能一卡通系统 | IC 卡消费系统 | 充值机 |
| Security & Protection | Smart Card System | Guard Tour System | Checkpoint |
| 安全防护 | 智能一卡通系统 | 电子巡更 | 巡更信息钮 |
| Security & Protection | Smart Card System | Guard Tour System | GPS Patrol Recorder |
| 安全防护 | 智能一卡通系统 | 电子巡更 | GPS 巡检器 |
| Security & Protection | Smart Card System | Electric Attendance | Fingerprint Attendance |
| 安全防护 | 智能一卡通系统 | 电子考勤机 | 指纹考勤机 |
| Security & Protection | Security Inspection Device | X-ray Screening Machine | X-ray Screening Machine |
| 安全防护 | 安检防爆检测设备 | 安检 X 光机 | 安检 X 光机 |
| Security & Protection | Security Inspection Device | Explosion-proof Detectors | Explosion-proof Detectors |
| 安全防护 | 安检防爆检测设备 | 防爆检测仪 | 防爆检测仪 |
| Security & Protection | Fire Protection | Fire Emergency Evacuation | Fire Emergency Evacuation |
| 安全防护 | 消防器材 | 消防应急疏散装置 | 消防应急疏散装置 |
| Security & Protection | Fire Protection | Fire Alarm | Fire Alarm |
| 安全防护 | 消防器材 | 消防呼救器警铃 | 消防呼救器警铃 |

| | | | |
|---|---|---|---|
| Security & Protection<br>安全防护 | Fire Protection<br>消防器材 | Fire Boots<br>消防防火鞋靴 | Fire Boots<br>消防防火鞋靴 |
| Security & Protection<br>安全防护 | Fire Protection<br>消防器材 | Fire Goggles<br>消防护目镜 | Fire Goggles<br>消防护目镜 |
| Security & Protection<br>安全防护 | Disaster-relief Supplies<br>救灾用品 | Seismic Detector<br>地震探测仪 | Seismic Detector<br>地震探测仪 |
| Security & Protection<br>安全防护 | Disaster-relief Supplies<br>救灾用品 | Emergency Light Stick<br>求生信号夜光棒 | Emergency Light Stick<br>求生信号夜光棒 |
| Security & Protection<br>安全防护 | Disaster-relief Supplies<br>救灾用品 | Hand Alarm<br>防洪手摇报警器 | Hand Alarm<br>防洪手摇报警器 |
| Security & Protection<br>安全防护 | Disaster-relief Supplies<br>救灾用品 | Assault Boat<br>防洪冲锋舟 | Assault Boat<br>防洪冲锋舟 |
| Security & Protection<br>安全防护 | Disaster-relief Supplies<br>救灾用品 | Relief Tents<br>防洪救灾帐篷 | Relief Tents<br>防洪救灾帐篷 |
| Security & Protection<br>安全防护 | Smart Card System<br>智能一卡通系统 | Car Parking Equipment<br>智能停车设备 | Parking Screen<br>剩余车位显示屏 |
| Security & Protection<br>安全防护 | Smart Card System<br>智能一卡通系统 | Car Parking Equipment<br>智能停车设备 | Electronic Bollard<br>电动升降柱 |
| Security & Protection<br>安全防护 | Smart Card System<br>智能一卡通系统 | Car Parking Equipment<br>智能停车设备 | Self-service Payment Terminal<br>自助缴费机 |
| Security & Protection<br>安全防护 | Smart Card System<br>智能一卡通系统 | Car Parking Equipment<br>智能停车设备 | Outdoor LED Screen<br>室外 LED 屏 |
| Security & Protection<br>安全防护 | Smart Card System<br>智能一卡通系统 | Car Parking Equipment<br>智能停车设备 | Advertising Screen<br>多媒体广告屏 |
| Security & Protection<br>安全防护 | Building Automation<br>楼宇自动化 | Antistatic Device<br>防静电装置 | Antistatic Device<br>防静电装置 |
| Security & Protection<br>安全防护 | Building Automation<br>楼宇自动化 | Lightning Protection<br>防雷接地装置 | Thunder Preventer<br>电源防雷器 |
| Security & Protection<br>安全防护 | Building Automation<br>楼宇自动化 | Home Automation Kits<br>智能家庭报警套装 | Home Automation Kits<br>智能家庭报警套装 |
| Security & Protection<br>安全防护 | Building Automation<br>楼宇自动化 | Operating Terminal<br>系统控制终端面板 | Operating Terminal<br>系统控制终端面板 |
| Security & Protection<br>安全防护 | Building Automation<br>楼宇自动化 | Universal Infrared Remote Control<br>万用红外学习装置 | Universal Infrared Remote Control<br>万用红外学习装置 |
| Security & Protection<br>安全防护 | Building Automation<br>楼宇自动化 | Home appliance Control Module<br>家电控制模块 | Home appliance Control Module<br>家电控制模块 |
| Security & Protection<br>安全防护 | Building Automation<br>楼宇自动化 | Humidity Sensor<br>湿度传感器 | Humidity Sensor<br>湿度传感器 |
| Security & Protection<br>安全防护 | IoT Devices<br>物联传感设备 | IoT Accessories<br>物联网配件 | IoT Accessories<br>物联网配件 |

| | | | |
|---|---|---|---|
| Security & Protection<br>安全防护 | IoT Devices<br>物联传感设备 | NFC Tag<br>NFC 电子标签 | NFC Tag<br>NFC 电子标签 |
| Security & Protection<br>安全防护 | IoT Devices<br>物联传感设备 | RFID Tag<br>RFID 电子标签 | RFID Tag<br>RFID 电子标签 |
| Security & Protection<br>安全防护 | Public Broadcasting<br>公共应急广播系统 | Broadcasting Accessories<br>公共广播配件 | Broadcasting Accessories<br>公共广播配件 |
| Security & Protection<br>安全防护 | Public Broadcasting<br>公共应急广播系统 | Broadcast Cabinet<br>公共广播机柜 | Broadcast Cabinet<br>公共广播机柜 |
| Security & Protection<br>安全防护 | Public Broadcasting<br>公共应急广播系统 | Loudspeaker<br>天花喇叭 | Loudspeaker<br>天花喇叭 |
| Security & Protection<br>安全防护 | Public Broadcasting<br>公共应急广播系统 | Preamplifier<br>前置放大器 | Preamplifier<br>前置放大器 |
| Security & Protection<br>安全防护 | Workplace Safety Supplies<br>劳动保护用品 | Noise Protection Equipment<br>噪声防护器具 | Noise Protection Helmet<br>噪声防护头盔 |
| Security & Protection<br>安全防护 | Workplace Safety Supplies<br>劳动保护用品 | Protective Fingertip<br>防护指套 | Protective Fingertip<br>防护指套 |
| Security & Protection<br>安全防护 | Workplace Safety Supplies<br>劳动保护用品 | Respirators<br>呼吸器 | Particle Respirator<br>微粒口罩 |
| Security & Protection<br>安全防护 | Access Control<br>门禁 | Turnstile Auto Gate<br>人行通道闸 | Turnstile Auto Gate<br>人行通道闸 |
| Security & Protection<br>安全防护 | Access Control<br>门禁 | Electric Door Operator<br>电动开门机 | Electric Door Operator<br>电动开门机 |
| Security & Protection<br>安全防护 | Self Defense Supplies<br>自卫防身及安保用品 | Defense Shield<br>防卫盾牌 | Defense Shield<br>防卫盾牌 |
| Security & Protection<br>安全防护 | Self Defense Supplies<br>自卫防身及安保用品 | Self Defense Alarm<br>防抢防狼随身警报器 | Self Defense Alarm<br>防抢防狼随身警报器 |
| Security & Protection<br>安全防护 | Self Defense Supplies<br>自卫防身及安保用品 | Anti-Cut Clothing<br>防刺服装 | Anti-Cut Clothing<br>防刺服装 |
| Security & Protection<br>安全防护 | Self Defense Supplies<br>自卫防身及安保用品 | Bulletproof Plate<br>防弹板 | Bulletproof Plate<br>防弹板 |
| Security & Protection<br>安全防护 | Safes<br>保险柜/保险箱 | Hidden Safes<br>伪装型保险箱(外形伪装) | Hidden Safes<br>伪装型保险箱(外形伪装) |
| Security & Protection<br>安全防护 | Safes<br>保险柜/保险箱 | Gun Safes<br>枪支保险箱 | Gun Safes<br>枪支保险箱 |
| Security & Protection<br>安全防护 | Safes<br>保险柜/保险箱 | Mini Safes<br>微小型保险箱 | Mini Safes<br>微小型保险箱 |
| Security & Protection<br>安全防护 | Security Alarm<br>防盗报警设备 | Sensor & Detector<br>防盗报警传感器 | Broken Glass Detector<br>玻璃破碎探测器 |
| Security & Protection<br>安全防护 | Security Alarm<br>防盗报警设备 | Sensor & Detector<br>防盗报警传感器 | Door Stop Alarm<br>门阻报警器 |

| | | | |
|---|---|---|---|
| Security & Protection | Security Alarm | Sensor & Detector | Window Door Sensor |
| 安全防护 | 防盗报警设备 | 防盗报警传感器 | 门磁窗磁 |
| Security & Protection | Security Alarm | EAS System | Label and Tag |
| 安全防护 | 防盗报警设备 | 商品电子防盗系统 | 防盗电子标签 |
| Security & Protection | Security Alarm | Anti Peeping Film | Anti Peeping Film |
| 安全防护 | 防盗报警设备 | 防偷窥贴膜 | 防偷窥贴膜 |
| Security & Protection | Security Alarm | Alarm Siren | Alarm Siren |
| 安全防护 | 防盗报警设备 | 警号 | 警号 |
| Security & Protection | Intercom | Emergency Intercom | Emergency Intercom |
| 安全防护 | 楼宇对讲 | 紧急救助对讲 | 紧急救助对讲 |
| Security & Protection | Intercom | Elevator Intercom | Elevator Intercom |
| 安全防护 | 楼宇对讲 | 电梯对讲系统 | 电梯对讲系统 |
| Security & Protection | Intercom | Self-service Queuing System | Self-service Queuing System |
| 安全防护 | 楼宇对讲 | 自助排队机 | 自助排队机 |
| Security & Protection | Security Alarm | EAS System | EAS Gate |
| 安全防护 | 防盗报警设备 | 商品电子防盗系统 | 商品防盗感应门 |
| Security & Protection | Intercom | Hospital Intercom | Hospital Intercom |
| 安全防护 | 楼宇对讲 | 医护呼叫对讲 | 医护呼叫对讲 |
| Security & Protection | Intercom | Intercom Kits | Intercom Kits |
| 安全防护 | 楼宇对讲 | 楼宇对讲套装 | 楼宇对讲套装 |
| Security & Protection | Access Control | Smartphone Access Control | Smartphone Access Control |
| 安全防护 | 门禁 | 手机刷卡门禁机 | 手机刷卡门禁机 |
| Security & Protection | Access Control | Voiceprint Recognition | Voiceprint Recognition |
| 安全防护 | 门禁 | 声纹识别仪 | 声纹识别仪 |
| Security & Protection | Access Control | Iris Recognition | Iris Recognition |
| 安全防护 | 门禁 | 虹膜识别仪 | 虹膜识别仪 |
| Security & Protection | Access Control | Finger Vein Recognition | Finger Vein Recognition |
| 安全防护 | 门禁 | 指静脉识别仪 | 指静脉识别仪 |
| Security & Protection | Access Control | Palm Recognition | Palm Recognition |
| 安全防护 | 门禁 | 掌型识别仪 | 掌型识别仪 |
| Security & Protection | Access Control | Fingerprint Scanner | Fingerprint Scanner |
| 安全防护 | 门禁 | 指纹采集仪 | 指纹采集仪 |
| Security & Protection | Security Alarm | Sensor & Detector | Infrared Alarm Detector |
| 安全防护 | 防盗报警设备 | 防盗报警传感器 | 红外探测器 |
| Security & Protection | Access Control | Elevator Access Control | Push-buttons |
| 安全防护 | 门禁 | 电梯门禁控制系统 | 电梯呼叫按钮 |
| Security & Protection | Access Control | Elevator Access Control | Elevator Floor Interface |
| 安全防护 | 门禁 | 电梯门禁控制系统 | 电梯楼层控制器 |
| Security & Protection | Access Control | Elevator Access Control | Elevator ACU |
| 安全防护 | 门禁 | 电梯门禁控制系统 | 电梯门禁控制主机 |

| | | | |
|---|---|---|---|
| Security & Protection | Access Control | Electric Lock | Motor Lock |
| 安全防护 | 门禁 | 门禁电锁(用钥匙开门的机械锁请发布在家装锁具下) | 电机锁(灵性锁) |
| Security & Protection | Access Control | Electric Lock | Electric Bolt Lock |
| 安全防护 | 门禁 | 门禁电锁(用钥匙开门的机械锁请发布在家装锁具下) | 电插锁 |
| Security & Protection | Access Control | Electric Lock | Magnetic Lock |
| 安全防护 | 门禁 | 门禁电锁(用钥匙开门的机械锁请发布在家装锁具下) | 磁力锁 |
| Security & Protection | Access Control | Electric Lock | Fingerprint Lock |
| 安全防护 | 门禁 | 门禁电锁(用钥匙开门的机械锁请发布在家装锁具下) | 指纹锁(一体化锁) |
| Security & Protection | Smart Card System | Electric Attendance | Attendance Accessories |
| 安全防护 | 智能一卡通系统 | 电子考勤机 | 考勤机配件 |
| Security & Protection | Smart Card System | Electric Attendance | IC Card Attendance |
| 安全防护 | 智能一卡通系统 | 电子考勤机 | 感应卡考勤机 |
| Security & Protection | Smart Card System | Electric Attendance | Face Recognition Attendance |
| 安全防护 | 智能一卡通系统 | 电子考勤机 | 人脸识别考勤机 |
| Security & Protection | Smart Card System | RFID POS System | Card Writer |
| 安全防护 | 智能一卡通系统 | IC 卡消费系统 | 写卡器 |
| Security & Protection | Smart Card System | Guard Tour System | Patrol Accessories |
| 安全防护 | 智能一卡通系统 | 电子巡更 | 巡更配件 |
| Security & Protection | Smart Card System | Guard Tour System | Power Adapter |
| 安全防护 | 智能一卡通系统 | 电子巡更 | 巡更充电器 |
| Security & Protection | Smart Card System | Guard Tour System | Patrol Card |
| 安全防护 | 智能一卡通系统 | 电子巡更 | 巡更感应卡 |
| Security & Protection | Smart Card System | Guard Tour System | Patrol Reader |
| 安全防护 | 智能一卡通系统 | 电子巡更 | 巡更读卡器 |
| Security & Protection | Security Inspection Device | Inspection Accessories | Inspection Accessories |
| 安全防护 | 安检防爆检测设备 | 安检配件 | 安检配件 |
| Security & Protection | Security Inspection Device | Explosive Detectors | Explosive Detectors |
| 安全防护 | 安检防爆检测设备 | 炸药探测仪 | 炸药探测仪 |
| Security & Protection | Security Inspection Device | Hose Endoscopes | Hose Endoscopes |
| 安全防护 | 安检防爆检测设备 | 软管内窥镜 | 软管内窥镜 |
| Security & Protection | Fire Protection | Fire Axe | Fire Axe |
| 安全防护 | 消防器材 | 消防腰斧太平斧 | 消防腰斧太平斧 |
| Security & Protection | Fire Protection | Fire Glove | Fire Glove |
| 安全防护 | 消防器材 | 消防专用手套 | 消防专用手套 |
| Security & Protection | Fire Protection | Automatic Sprinklers | Automatic Sprinklers |
| 安全防护 | 消防器材 | 自动喷淋装置 | 自动喷淋装置 |

| | | | |
|---|---|---|---|
| Security &Protection | Fire Protection | Automatic Fire Extinguisher | Automatic Fire Extinguisher |
| 安全防护 | 消防器材 | 自动灭火器 | 自动灭火器 |
| Security & Protection | Disaster-relief Supplies | Earthquake Alarm | Earthquake Alarm |
| 安全防护 | 救灾用品 | 地震报警器 | 地震报警器 |
| Security & Protection | Disaster-relief Supplies | Anti Rat Baffle | Anti Rat Baffle |
| 安全防护 | 救灾用品 | 防鼠蛇挡板 | 防鼠蛇挡板 |
| Security & Protection | Disaster-relief Supplies | Windproof Flint | Windproof Flint |
| 安全防护 | 救灾用品 | 应急抗风打火石 | 应急抗风打火石 |
| Security & Protection | Disaster-relief Supplies | Emergency Whistling | Emergency Whistling |
| 安全防护 | 救灾用品 | 求生求救口哨 | 求生求救口哨 |
| Security & Protection | Disaster-relief Supplies | Expansion Bag | Expansion Bag |
| 安全防护 | 救灾用品 | 防洪吸水膨胀袋 | 防洪吸水膨胀袋 |
| Security & Protection | Smart Card System | Car Parking Equipment | Long Range Reader |
| 安全防护 | 智能一卡通系统 | 智能停车设备 | 远距离读卡器 |
| Security & Protection | Smart Card System | Car Parking Equipment | Auto Blockader |
| 安全防护 | 智能一卡通系统 | 智能停车设备 | 升降式挡车器 |
| Security & Protection | Smart Card System | Car Parking Equipment | Parking Light |
| 安全防护 | 智能一卡通系统 | 智能停车设备 | 车位指示灯 |
| Security & Protection | Smart Card System | Car Parking Equipment | Parking Information Display |
| 安全防护 | 智能一卡通系统 | 智能停车设备 | 信息引导屏 |
| Security & Protection | Smart Card System | Car Parking Equipment | Inquiry Terminal |
| 安全防护 | 智能一卡通系统 | 智能停车设备 | 终端查询机 |
| Security & Protection | Smart Card System | Car Parking Equipment | Parking Accessories |
| 安全防护 | 智能一卡通系统 | 智能停车设备 | 停车场配件 |
| Security & Protection | Smart Card System | Car Parking Equipment | Vehicle Loop Detector |
| 安全防护 | 智能一卡通系统 | 智能停车设备 | 车辆线圈感应器 |
| Security & Protection | Smart Card System | Car Parking Equipment | Vehicle Detector |
| 安全防护 | 智能一卡通系统 | 智能停车设备 | 车辆探测器 |
| Security & Protection | Building Automation | Water-saving Device | Water-saving Device |
| 安全防护 | 楼宇自动化 | 水控机 | 水控机 |
| Security & Protection | Building Automation | DDC Controller | DDC Controller |
| 安全防护 | 楼宇自动化 | DDC 现场控制器 | DDC 现场控制器 |
| Security & Protection | Building Automation | Air Conditioning Control Module | Air Conditioning Control Module |
| 安全防护 | 楼宇自动化 | 空调控制模块 | 空调控制模块 |
| Security & Protection | Building Automation | Temperature Sensor | Temperature Sensor |
| 安全防护 | 楼宇自动化 | 温度传感器 | 温度传感器 |
| Security & Protection | IoT Devices | IoT Host Controller | IoT Host Controller |
| 安全防护 | 物联传感设备 | 主机控制器 | 主机控制器 |
| Security & Protection | IoT Devices | NFC Reader | NFC Reader |
| 安全防护 | 物联传感设备 | NFC 识读器 | NFC 识读器 |

| | | | |
|---|---|---|---|
| Security & Protection<br>安全防护 | IoT Devices<br>物联传感设备 | RFID Reader<br>RFID 识读器 | RFID Reader<br>RFID 识读器 |
| Security & Protection<br>安全防护 | IoT Devices<br>物联传感设备 | RFID Card<br>RFID 卡片 | RFID Card<br>RFID 卡片 |
| Security & Protection<br>安全防护 | IoT Devices<br>物联传感设备 | Read-write Device<br>IC/ID 卡读写器 | Read-write Device<br>IC/ID 卡读写器 |
| Security & Protection<br>安全防护 | Workplace Safety Supplies<br>劳动保护用品 | Approach Electric Alarm<br>高压近电报警器 | Approach Electric Alarm<br>高压近电报警器 |
| Security & Protection<br>安全防护 | Workplace Safety Supplies<br>劳动保护用品 | Safety Shoe Boots<br>防护鞋 | Safety Shoe Boots<br>防护鞋 |
| Security & Protection<br>安全防护 | Workplace Safety Supplies<br>劳动保护用品 | Chemical Goggles<br>防化护目镜 | Chemical Goggles<br>防化护目镜 |
| Security & Protection<br>安全防护 | Access Control<br>门禁 | Electric Door Control System<br>电动门控制器 | Electric Door Control System<br>电动门控制器 |
| Security & Protection<br>安全防护 | Access Control<br>门禁 | Door Remote Control<br>开门遥控器 | Door Remote Control<br>开门遥控器 |
| Security & Protection<br>安全防护 | Access Control<br>门禁 | Emergency Unlocking Button<br>紧急开门装置 | Emergency Unlocking Button<br>紧急开门装置 |
| Security & Protection<br>安全防护 | Access Control<br>门禁 | Door Exit<br>开门按钮 | Door Exit<br>开门按钮 |
| Security & Protection<br>安全防护 | Self Defense Supplies<br>自卫防身及安保用品 | Lifeline<br>防身救生绳 | Lifeline<br>防身救生绳 |
| Security & Protection<br>安全防护 | Self Defense Supplies<br>自卫防身及安保用品 | Defense Finger Ring<br>防身指环 | Defense Finger Ring<br>防身指环 |
| Security & Protection<br>安全防护 | Self Defense Supplies<br>自卫防身及安保用品 | Protective Helmet<br>防暴头盔 | Protective Helmet<br>防暴头盔 |
| Security & Protection<br>安全防护 | Self Defense Supplies<br>自卫防身及安保用品 | Bulletproof Clothing<br>防弹衣 | Bulletproof Clothing<br>防弹衣 |
| Security & Protection<br>安全防护 | Safes<br>保险柜/保险箱 | Key Safe Box<br>钥匙保管箱 | Key Safe Box<br>钥匙保管箱 |
| Security & Protection<br>安全防护 | Safes<br>保险柜/保险箱 | Electronic Password Safes<br>电子密码保险柜 | Electronic Password Safes<br>电子密码保险柜 |
| Security & Protection<br>安全防护 | Security Alarm<br>防盗报警设备 | Sensor & Detector<br>防盗报警传感器 | Infrared Grating<br>红外光栅/光墙 |
| Security & Protection<br>安全防护 | Security Alarm<br>防盗报警设备 | Sensor & Detector<br>防盗报警传感器 | Sound Detector<br>声音报警探测器 |
| Security & Protection<br>安全防护 | Security Alarm<br>防盗报警设备 | Sensor & Detector<br>防盗报警传感器 | Electronic Fence Detector<br>电子围栏探测器 |
| Security & Protection<br>安全防护 | Security Alarm<br>防盗报警设备 | EAS System<br>商品电子防盗系统 | EAS Kits<br>商品防盗系统套装 |

| | | | |
|---|---|---|---|
| Security & Protection | Security Alarm | EAS System | EAS Sensors |
| 安全防护 | 防盗报警设备 | 商品电子防盗系统 | EAS 检测器 |
| Security & Protection | Security Alarm | Invisible Ink Pen | Invisible Ink Pen |
| 安全防护 | 防盗报警设备 | 隐形墨水笔 | 隐形墨水笔 |
| Security & Protection | Security Alarm | Anti-theft Lock | Anti-theft Lock |
| 安全防护 | 防盗报警设备 | 电子防盗锁具 | 电子防盗锁具 |
| Security & Protection | Security Alarm | Calling System | Calling System |
| 安全防护 | 防盗报警设备 | 电子呼叫器 | 电子呼叫器 |
| Security & Protection | Security Alarm | Alarm Lamp | Alarm Lamp |
| 安全防护 | 防盗报警设备 | 警灯 | 警灯 |
| Security & Protection | Intercom | Intercom Accessories | Intercom Accessories |
| 安全防护 | 楼宇对讲 | 对讲配件 | 对讲配件 |
| Security & Protection | Intercom | Prison Intercom | Prison Intercom |
| 安全防护 | 楼宇对讲 | 监狱对讲系统 | 监狱对讲系统 |
| Security & Protection | Intercom | Bank Intercom | Customer Evaluation Machine |
| 安全防护 | 楼宇对讲 | 银行呼叫对讲 | 顾客评价机 |
| Security & Protection | Access Control | Gait Recognition | Gait Recognition |
| 安全防护 | 门禁 | 步态识别仪 | 步态识别仪 |
| Security & Protection | Access Control | Elevator Access Control | Elevator Accessories |
| 安全防护 | 门禁 | 电梯门禁控制系统 | 电梯控制配件 |
| Security & Protection | Access Control | Elevator Access Control | Floor Indicator |
| 安全防护 | 门禁 | 电梯门禁控制系统 | 楼层显示器 |
| Security & Protection | Access Control | Electric Lock | IC/ID Card Lock |
| 安全防护 | 门禁 | 门禁电锁(用钥匙开门的机械锁请发布在家装锁具下) | IC 卡智能锁(一体化锁) |
| Security & Protection | Access Control | Electric Lock | Finger Vein Lock |
| 安全防护 | 门禁 | 门禁电锁(用钥匙开门的机械锁请发布在家装锁具下) | 指静脉锁(一体化锁) |
| Consumer Electronics | Portable Audio & Video | MP3 Players & Amplifier Accessories | MP3 Players & Amplifier Accessories |
| 消费电子 | 便携音视频设备 | MP3 与耳放配件 | MP3 与耳放配件 |
| Consumer Electronics | Portable Audio & Video | Microphone Accessories | Microphone Accessories |
| 消费电子 | 便携音视频设备 | 麦克风配件 | 麦克风配件 |
| Consumer Electronics | Portable Audio &Video | Speaker Accessories | Speaker Accessories |
| 消费电子 | 便携音视频设备 | 音箱配件 | 音箱配件 |
| Consumer Electronics | Camera & Photo | Camera Replacement Parts | Camera Shell |
| 消费电子 | 摄影摄像 | 相机维修件 | 相机机壳 |
| Consumer Electronics | Camera & Photo | Camera Replacement Parts | Len Parts |
| 消费电子 | 摄影摄像 | 相机维修件 | 镜头维修件 |

| | | | |
|---|---|---|---|
| Consumer Electronics<br>消费电子 | Camera & Photo<br>摄影摄像 | Camera Replacement Parts<br>相机维修件 | Camera Flex Cables<br>相机排线 |
| Consumer Electronics<br>消费电子 | Camera & Photo<br>摄影摄像 | Camera Replacement Parts<br>相机维修件 | Camera LCDs<br>相机显示屏幕 |
| Consumer Electronics<br>消费电子 | Camera & Photo<br>摄影摄像 | Camera Replacement Parts<br>相机维修件 | Flash Parts<br>闪光灯维修件 |
| Consumer Electronics<br>消费电子 | Camera & Photo<br>摄影摄像 | Camera Replacement Parts<br>相机维修件 | Circuits<br>电路板 |
| Consumer Electronics<br>消费电子 | Camera & Photo<br>摄影摄像 | Camera Replacement Parts<br>相机维修件 | Camera Modules<br>摄像头模块 |
| Consumer Electronics<br>消费电子 | Camera & Photo<br>摄影摄像 | Photo Studio<br>摄影工作室用品 | Reflector<br>反光板 |
| Consumer Electronics<br>消费电子 | Camera & Photo<br>摄影摄像 | Photo Studio<br>摄影工作室用品 | Soft umbrella<br>柔光伞 |
| Consumer Electronics<br>消费电子 | Camera & Photo<br>摄影摄像 | Photo Studio<br>摄影工作室用品 | Auxiliary Devices<br>辅助器材 |
| Consumer Electronics<br>消费电子 | Camera & Photo<br>摄影摄像 | Photo Studio<br>摄影工作室用品 | Monitor<br>监视器 |
| Consumer Electronics<br>消费电子 | Camera & Photo<br>摄影摄像 | Photo Studio<br>摄影工作室用品 | Camera Cage<br>相机兔笼 |
| Consumer Electronics<br>消费电子 | Camera & Photo<br>摄影摄像 | Photo Studio<br>摄影工作室用品 | Softbox<br>柔光箱 |
| Consumer Electronics<br>消费电子 | Camera & Photo<br>摄影摄像 | Photo Studio<br>摄影工作室用品 | Light Stand<br>摄影灯支架 |
| Security & Protection<br>安全防护 | Transmission & Cables<br>传输设备及电缆 | Transmission & Cables<br>传输设备及电缆 | Transmission & Cables<br>传输设备及电缆 |
| Security & Protection<br>安全防护 | Fire Protection<br>消防器材 | Fire Broadcasting<br>消防紧急广播 | Fire Broadcasting<br>消防紧急广播 |
| Security & Protection<br>安全防护 | Security Alarm<br>防盗报警设备 | Alarm System Kits<br>防盗报警套装 | Alarm System Kits<br>防盗报警套装 |
| Security & Protection<br>安全防护 | Access Control<br>门禁 | Access Control Accessories<br>门禁配件 | Access Control Accessories<br>门禁配件 |
| Security & Protection<br>安全防护 | Intercom<br>楼宇对讲 | Doorbell<br>电子门铃和猫眼 | Doorbell<br>电子门铃和猫眼 |
| Security & Protection<br>安全防护 | Smart Card System<br>智能一卡通系统 | RFID POS System<br>IC 卡消费系统 | Toll Collector<br>台式消费机 |
| Security & Protection<br>安全防护 | IoT Devices<br>物联传感设备 | IC/ID Card<br>IC/ID 智能卡 | IC/ID Card<br>IC/ID 智能卡 |
| Consumer Electronics<br>消费电子 | Accessories & Parts<br>零配件 | AC/DC Adapters<br>电源适配器 | AC/DC Adapters<br>电源适配器 |

| | | | |
|---|---|---|---|
| Computer & Office<br>电脑和办公 | Tablet Accessories<br>平板电脑配件 | Tablet LCDs & Panels<br>平板电脑显示屏与面板 | Tablet LCDs & Panels<br>平板电脑显示屏与面板 |
| Security & Protection<br>安全防护 | First Aid Kits<br>急救箱 | First Aid Kits<br>急救箱 | First Aid Kits<br>急救箱 |
| Security & Protection<br>安全防护 | Workplace Safety Supplies<br>劳动保护用品 | Kneepads<br>护膝 | Kneepads<br>护膝 |
| Security & Protection<br>安全防护 | Fire Protection<br>消防器材 | Fire Respirators<br>消防呼吸器 | Fire Respirators<br>消防呼吸器 |
| Security & Protection<br>安全防护 | Fire Protection<br>消防器材 | Fire Escape Ladders<br>消防逃生梯 | Fire Escape Ladders<br>消防逃生梯 |
| Security & Protection<br>安全防护 | Security Alarm<br>防盗报警设备 | Sensor & Detector<br>防盗报警传感器 | Carbon Monoxide Detectors<br>一氧化碳探测器 |
| Phones & Telecommunications<br>电话和通信 | Mobile Phone Parts<br>手机部件 | Mobile Phone Components<br>手机组件/元器件 | Circuits<br>电路板 |
| Phones & Telecommunications<br>电话和通信 | Mobile Phone Parts<br>手机部件 | Mobile Phone Components<br>手机组件/元器件 | Camera Modules<br>摄像头模块 |
| Phones & Telecommunications<br>电话和通信 | Mobile Phone Accessories<br>手机配件 | Mobile Phone Stylus<br>手机手写笔 | Mobile Phone Stylus<br>手机手写笔 |
| Consumer Electronics<br>消费电子 | Accessories & Parts<br>零配件 | Cable Winder<br>绕线器 | Cable Winder<br>绕线器 |
| Phones & Telecommunications<br>电话和通信 | Mobile Phone Parts<br>手机部件 | Sim Cards & Accessories<br>Sim 卡和配件 | Accessories Suits<br>Sim 卡工具套装 |
| Phones & Telecommunications<br>电话和通信 | Mobile Phone Parts<br>手机部件 | Sim Cards & Accessories<br>Sim 卡和配件 | Sim Cards Adapters<br>Sim 卡适配器 |
| Phones & Telecommunications<br>电话和通信 | Mobile Phone Parts<br>手机部件 | Sim Cards & Accessories<br>Sim 卡和配件 | Sim Card Readers & Backup<br>Sim 卡读卡器和备份器 |
| Phones & Telecommunications<br>电话和通信 | Mobile Phone Parts<br>手机部件 | Sim Cards & Accessories<br>Sim 卡和配件 | Sim Cards Cutters<br>Micro Sim 剪卡器 |
| Phones & Telecommunications<br>电话和通信 | Mobile Phone Parts<br>手机部件 | Mobile Phone Touch Panel<br>手机屏幕的触摸面板 | Mobile Phone Touch Panel<br>手机屏幕的触摸面板 |
| Electronic Components & Supplies<br>电子元器件 | Passive Components<br>电子元件/无源元件 | PCB & PCBA<br>印制(刷)电路板和印制(刷)电路板组件 | Other PCB & PCBA<br>其他印制(刷)电路板和印制(刷)电路板组件 |
| Electronic Components & Supplies<br>电子元器件 | Passive Components<br>电子元件/无源元件 | PCB & PCBA<br>印制(刷)电路板和印制(刷)电路板组件 | Single-Sided PCB<br>单面板 |
| Electronic Components & Supplies<br>电子元器件 | Passive Components<br>电子元件/无源元件 | PCB & PCBA<br>印制(刷)电路板和印制(刷)电路板组件 | Rigid PCB<br>硬性电路板/普通印刷电路板 |
| Electronic Components & Supplies<br>电子元器件 | Passive Components<br>电子元件/无源元件 | PCB & PCBA<br>印制(刷)电路板和印制(刷)电路板组件 | Multilayer PCB<br>多层板 |

| | | | |
|---|---|---|---|
| Electronic Components & Supplies | Passive Components | PCB & PCBA | FPC |
| 电子元器件 | 电子元件/无源元件 | 印制(刷)电路板和印制(刷)电路板组件 | 柔性电路板/挠性印刷电路板 |
| Electronic Components & Supplies | Passive Components | PCB & PCBA | Double-Sided PCB |
| 电子元器件 | 电子元件/无源元件 | 印制(刷)电路板和印制(刷)电路板组件 | 双面板 |
| Electronic Components & Supplies | Passive Components | Other Passive Components | Other Passive Components |
| 电子元器件 | 电子元件/无源元件 | 其他无源元件 | 其他无源元件 |
| Electronic Components & Supplies | Passive Components | Resistors | Resistors |
| 电子元器件 | 电子元件/无源元件 | 电阻器 | 电阻器 |
| Electronic Components & Supplies | Passive Components | Potentiometers | Potentiometers |
| 电子元器件 | 电子元件/无源元件 | 电位器 | 电位器 |
| Electronic Components & Supplies | Optoelectronic Displays | Other Optoelectronic Displays | Other Optoelectronic Displays |
| 电子元器件 | 显示器件 | 其他显示器件 | 其他显示器件 |
| Electronic Components & Supplies | Optoelectronic Displays | LCD Modules | LCD Modules |
| 电子元器件 | 显示器件 | LCD 液晶模块 | LCD 液晶模块 |
| Electronic Components & Supplies | Electronic Accessories & Supplies | Other Electronic Accessories | Other Electronic Accessories |
| 电子元器件 | 电子材料和附件 | 其他电子材料和附件 | 其他电子材料和附件 |
| Electronic Components & Supplies | Electronic Accessories & Supplies | Electrical Ceramics | Electrical Ceramics |
| 电子元器件 | 电子材料和附件 | 电工陶瓷 | 电工陶瓷 |
| Electronic Components & Supplies | Active Components | Other Active Components | Other Active Components |
| 电子元器件 | 电子器件/有源元件 | 其他有源元件 | 其他有源元件 |
| Electronic Components & Supplies | Active Components | Transistors | Transistors |
| 电子元器件 | 电子器件/有源元件 | 晶体管 | 晶体管 |
| Electronic Components & Supplies | Active Components | Thyristors | Thyristors |
| 电子元器件 | 电子器件/有源元件 | 半导体闸流管 | 半导体闸流管 |
| Electronic Components & Supplies | Active Components | Resonators | Resonators |
| 电子元器件 | 电子器件/有源元件 | 共振器,谐振器 | 共振器,谐振器 |

| | | | |
|---|---|---|---|
| Electronic Components & Supplies | Active Components | Oscillators | Oscillators |
| 电子元器件 | 电子器件/有源元件 | 振荡器 | 振荡器 |
| Electronic Components & Supplies | Active Components | Integrated Circuits | Integrated Circuits |
| 电子元器件 | 电子器件/有源元件 | 集成电路 | 集成电路 |
| Electronic Components & Supplies | Active Components | Filters | Filters |
| 电子元器件 | 电子器件/有源元件 | 滤波器 | 滤波器 |
| Electronic Components & Supplies | Active Components | Diodes | Diodes |
| 电子元器件 | 电子器件/有源元件 | 晶体二极管 | 晶体二极管 |
| Security & Protection | Intercom | Audio Intercom | Audio Intercom |
| 安全防护 | 楼宇对讲 | 语音对讲 | 语音对讲 |
| Security & Protection | Access Control | Access Control Card Reader | Access Control Card Reader |
| 安全防护 | 门禁 | 门禁读卡器 | 门禁读卡器 |
| Security & Protection | Access Control | Access Control Card | Access Control Card |
| 安全防护 | 门禁 | 门禁卡 | 门禁卡 |
| Security & Protection | Access Control | Fingerprint Recognition Device | Fingerprint Recognition Device |
| 安全防护 | 门禁 | 指纹识别仪 | 指纹识别仪 |
| Security & Protection | Access Control | Facial Recognition Device | Facial Recognition Device |
| 安全防护 | 门禁 | 人脸识别仪 | 人脸识别仪 |
| Security & Protection | Access Control | Access Control Kits | Access Control Kits |
| 安全防护 | 门禁 | 门禁系统套装 | 门禁系统套装 |
| Security & Protection | Access Control | Access Control Keypad | Access Control Keypad |
| 安全防护 | 门禁 | 门禁密码键盘 | 门禁密码键盘 |
| Security & Protection | Roadway Safety | Traffic Barrier | Traffic Barrier |
| 安全防护 | 交通安全 | 交通护栏 | 交通护栏 |
| Security & Protection | Roadway Safety | Speed Bump | Speed Bump |
| 安全防护 | 交通安全 | 道路减速设施 | 道路减速设施 |
| Security & Protection | Roadway Safety | Reflective Material | Reflective Material |
| 安全防护 | 交通安全 | 反光材料 | 反光材料 |
| Security & Protection | Roadway Safety | Road Stud | Road Stud |
| 安全防护 | 交通安全 | 道钉 | 道钉 |
| Security & Protection | Workplace Safety Supplies | Safety Cones | Safety Cones |
| 安全防护 | 劳动保护用品 | 安全锥 | 安全锥 |
| Security & Protection | Roadway Safety | Traffic Light | Traffic Light |
| 安全防护 | 交通安全 | 交通警示灯 | 交通警示灯 |
| Security & Protection | Roadway Safety | Traffic Signal | Traffic Signal |
| 安全防护 | 交通安全 | 交通安全标志 | 交通安全标志 |

| | | | |
|---|---|---|---|
| Security & Protection | Building Automation | Lightning Protection | Lighting Rod |
| 安全防护 | 楼宇自动化 | 防雷接地装置 | 避雷针 |
| Security & Protection | Fire Protection | Fire-proof Suit | Fire-proof Suit |
| 安全防护 | 消防器材 | 消防防火服 | 消防防火服 |
| Security & Protection | Fire Protection | Smoke Detector | Smoke Detector |
| 安全防护 | 消防器材 | 烟雾探测器 | 烟雾探测器 |
| Security & Protection | Fire Protection | Heat Detector | Heat Detector |
| 安全防护 | 消防器材 | 温感火警探测器 | 温感火警探测器 |
| Security & Protection | Fire Protection | Fire Extinguisher | Fire Extinguisher |
| 安全防护 | 消防器材 | 手持型灭火器 | 手持型灭火器 |
| Security & Protection | Fire Protection | Fire Blanket | Fire Blanket |
| 安全防护 | 消防器材 | 防火毯 | 防火毯 |
| Security & Protection | Fire Protection | Fire Hose | Fire Hose |
| 安全防护 | 消防器材 | 消防软管 | 消防软管 |
| Security & Protection | Fire Protection | Fire Alarm Control Panel | Fire Alarm Control Panel |
| 安全防护 | 消防器材 | 火警报警控制主机 | 火警报警控制主机 |
| Security & Protection | Workplace Safety Supplies | Ear Protector | Ear Protector |
| 安全防护 | 劳动保护用品 | 防护耳罩 | 防护耳罩 |
| Security & Protection | Workplace Safety Supplies | Safety Clothing | Safety Clothing |
| 安全防护 | 劳动保护用品 | 安全防护服装 | 安全防护服装 |
| Security & Protection | Workplace Safety Supplies | Safety Helmet | Safety Helmet |
| 安全防护 | 劳动保护用品 | 安全帽 | 安全帽 |
| Security & Protection | Workplace Safety Supplies | Safety Goggles | Safety Goggles |
| 安全防护 | 劳动保护用品 | 防护眼罩 | 防护眼罩 |
| Security & Protection | Workplace Safety Supplies | Safety Gloves | Safety Gloves |
| 安全防护 | 劳动保护用品 | 防护手套 | 防护手套 |
| Security & Protection | Workplace Safety Supplies | Safety Harness | Safety Harness |
| 安全防护 | 劳动保护用品 | 安全带套装 | 安全带套装 |
| Security & Protection | Workplace Safety Supplies | Respirators | Chemical Respirator |
| 安全防护 | 劳动保护用品 | 呼吸器 | 防化呼吸器 |
| Security & Protection | Workplace Safety Supplies | Warning Tape | Warning Tape |
| 安全防护 | 劳动保护用品 | 安全警示带 | 安全警示带 |
| Electronic Components & Supplies | EL Products | EL Products | EL Products |
| 电子元器件 | 电子发光产品 | 电子发光产品 | 电子发光产品 |
| Electronic Components & Supplies | Electronic Signs | Electronic Signs | Electronic Signs |
| 电子元器件 | 电子标识 | 电子标识 | 电子标识 |
| Electronic Components & Supplies | Electronic Accessories & Supplies | Electrical Contacts and Contact Materials | Electrical Contacts and Contact Materials |

| | | | |
|---|---|---|---|
| 电子元器件 | 电子材料和附件 | 电触点及材料 | 电触点及材料 |
| Electronic Components & Supplies | Active Components | Rectifiers | Rectifiers |
| 电子元器件 | 电子器件/有源元件 | 整流器 | 整流器 |
| Electronic Components & Supplies | Passive Components | Capacitors | Capacitors |
| 电子元器件 | 电子元件/无源元件 | 电容器 | 电容器 |
| Electronic Components & Supplies | Electronic Accessories & Supplies | Insulation Materials & Elements | Insulation Materials & Elements |
| 电子元器件 | 电子材料和附件 | 绝缘材料 | 绝缘材料 |
| Electronic Components & Supplies | Passive Components | Acoustic Components | Acoustic Components |
| 电子元器件 | 电子元件/无源元件 | 电声器件 | 电声器件 |
| Consumer Electronics | Accessories & Parts | Screen Protectors | Screen Protectors |
| 消费电子 | 零配件 | 屏幕保护用品 | 屏幕保护用品 |
| ElectronicComponents & Supplies | Other ElectronicComponents | Other ElectronicComponents | Other ElectronicComponents |
| 电子元器件 | 其他电子元器件 | 其他电子元器件 | 其他电子元器件 |
| Electronic Components & Supplies | Electronics Production Machinery | Electronics Production Machinery | Electronics Production Machinery |
| 电子元器件 | 电子元器件制造设备 | 电子元器件制造设备 | 电子元器件制造设备 |
| Security & Protection | Intercom | Video Intercom | Video Intercom |
| 安全防护 | 楼宇对讲 | 可视对讲 | 可视对讲 |
| Electronic Components & Supplies | Passive Components | Escalators & Escalator Parts | Escalators |
| 电子元器件 | 电子元件/无源元件 | 自动扶梯及零部件 | 自动扶梯 |
| Electronic Components & Supplies | Passive Components | Escalators & Escalator Parts | Escalator Parts |
| 电子元器件 | 电子元件/无源元件 | 自动扶梯及零部件 | 自动扶梯零部件 |
| Electronic Components & Supplies | Passive Components | Elevators & Elevator Parts | Elevator Parts |
| 电子元器件 | 电子元件/无源元件 | 电梯及部件 | 电梯零部件 |
| Electronic Components & Supplies | Passive Components | Elevators & Elevator Parts | Elevators |
| 电子元器件 | 电子元件/无源元件 | 电梯及部件 | 电梯 |
| Consumer Electronics | Accessories & Parts | Remote Control | Remote Control |
| 消费电子 | 零配件 | 遥控器 | 遥控器 |
| Electronic Components & Supplies | Optoelectronic Displays | LED Displays | LED Displays |
| 电子元器件 | 显示器件 | LED 显示屏 | LED 显示屏 |
| Electronic Components & Supplies | Electronic Accessories & Supplies | Keypads & Keyboards | Keypads & Keyboards |

| | | | |
|---|---|---|---|
| 电子元器件 | 电子材料和附件 | 按键和键盘 | 按键和键盘 |
| Electronic Components & Supplies | Active Components | Sensors | Sensors |
| 电子元器件 | 电子器件/有源元件 | 传感器 | 传感器 |
| Electronic Components & Supplies | Electronic Accessories & Supplies | Semiconductors | Semiconductors |
| 电子元器件 | 电子材料和附件 | 半导体 | 半导体 |
| Electronic Components & Supplies | Electronics Stocks | Electronics Stocks | Electronics Stocks |
| 电子元器件 | 电子库存 | 电子库存 | 电子库存 |
| Electronic Components & Supplies | Electronic Data Systems | Electronic Data Systems | Electronic Data Systems |
| 电子元器件 | 电子数据系统 | 电子数据系统 | 电子数据系统 |

## 四、Wish 知识产权政策

Wish 对仿品和侵犯知识产权的行为制定了严格的零容忍政策。在 Wish 平台上架带有品牌标识的正版产品前，商户有义务提供相关授权证明。此外，产品不得侵犯 Wish 或任何第三方的知识产权。严禁未经授权使用受版权保护的资料信息、注册商标和/或专利。宣传仿品、出售未经授权的正版商品或使用其他侵权材料的产品将面临赔款和/或被移除。

### （一）严禁销售仿品

严禁销售模仿或影射他人知识产权的产品。如果商户上架仿品，这些产品将被移除，且相应账户将面临赔款，可能还会被暂停交易。

#### 1. 假货或仿品的含义

Wish 针对刊登或销售侵犯他人知识产权的产品制定了严格的政策，包括严格禁止销售仿品、假货和山寨产品。在 Wish 上销售任何产品的仿品、假货或山寨产品都是违法的。商户有责任确保其产品和刊登不侵犯任何第三方的合法权利。

如果未经知识产权所有者授权或未获得其他法律许可或权利，则以下产品将被视为仿品、假货或山寨产品：直接仿冒另一实体的知识产权；所售产品的名称与知识产权所有者的产品名称相同或基本无法区分；遮盖或隐藏品牌的名称或徽标。

以下是一些可能被认为是仿品、假货和山寨产品的示例，除非已获得知识产权所有者授权或根据法律允许以其他方式销售。

(1)直接仿冒其他品牌或徽标的产品。

图 附-19

例如,图附-19 中的产品模仿 Adidas 的设计并使用了 Adidas 徽标,但并非由 Adidas 制造或授权。这属于仿品。

(2)产品使用的品牌或徽标与真正的品牌或徽标基本没有区别。

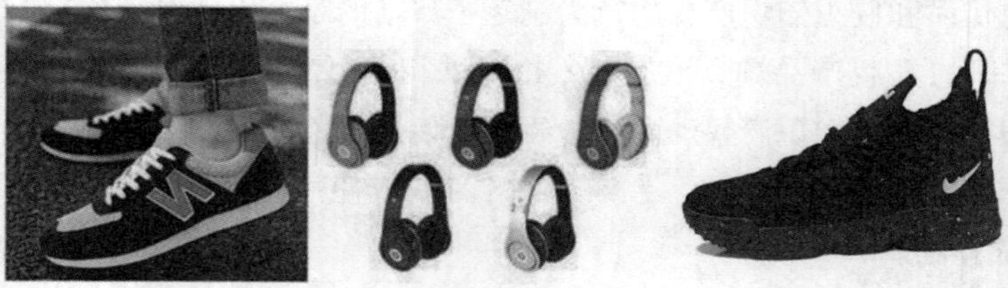

图 附-20

例如,图附-20 所用徽标看起来与现有品牌几乎没有区别的产品(即使用户可能知道不是真品)可能侵犯第三方的权利,不允许在 Wish 上销售。这些产品属于仿品或山寨产品。

(3)通过改变外观遮掩品牌或徽标的产品。

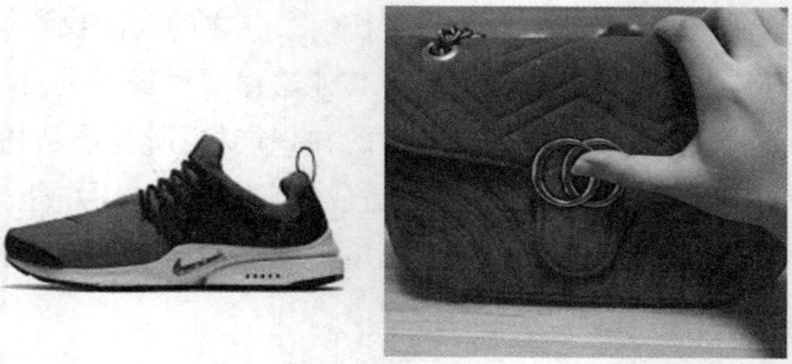

图 附-21

当商户对照片的一部分进行模糊处理，或者通过计算机修图来遮掩品牌时，这可能表明该产品是仿品或山寨产品。例如，图附-21 中的鞋子可能是 Nike 的仿品，钱包可能是 Gucci 的仿品。

(4)使用错误拼写的品牌名称作为产品名称，产品将被视为是山寨产品。名称拼写错误的产品示例如图附-22 所示。

图　附-22

(5)模仿某些设计或图案的产品可能属于仿品、假货或山寨产品，如图附-23 所示。

图　附-23

一些品牌拥有某些设计的权利。例如，Gucci 对绿 - 红 - 绿条纹具有某些注册权，而 Burberry 对特定的方格图案具有某些注册权。如果认为您的产品采用的可能是其他品牌的设计，请查证该设计的权利所有者。以欺骗为目的而模仿品牌设计的产品可能被视为仿品或山寨产品。

(6)在产品照片中显示品牌名称（例如，在衣架上、非固定的产品标签上等），无论其是否与产品有关系，均可能会侵犯第三方的权利，如图附-24 所示。

图 附-24

即使实际销售的产品没有侵犯第三方权利，但如果将这些产品与品牌包装盒、品牌衣架或类似的第三方商标一起展示，仍会造成商标侵权或其他违规行为。

**2. 侵犯他人知识产权的后果**

Wish针对侵犯知识产权的行为制定了严格的政策。未经适当授权使用第三方商标、版权或其他知识产权，直接违反了Wish的商户政策和商户服务条款。商户有责任确保其产品和刊登不存在侵权问题，并鼓励商户在刊登产品之前进行知识产权澄清检查。

未经授权使用其他方的知识产权（图片、商标、徽标、设计等）或推销仿品可能导致Wish采取以下行动：移除产品、对账户处以赔款、暂停账户、终止账户。

此外，违反Wish的知识产权政策还可能会导致其他法律后果。例如，知识产权所有者可能会对店铺提起诉讼，卖家可能因此而接获临时限制令（TRO）。

### （二）严禁销售侵犯其他方实体知识产权的产品

产品的图片和文本信息不得侵犯他人的知识产权。知识产权包括但不限于版权、商标和专利。如果商户上架侵犯他人知识产权的产品，这些产品将被移除，且相应账户将面临赔款，可能还会被暂停交易。

### （三）商户需负责提供产品的销售授权证据

如果产品是仿品或侵犯知识产权，应由商户负责提供销售该产品的授权证据。

### （四）严禁提供不准确或具有误导性的销售授权证据

如果商户提供不准确或具有误导性的产品销售授权证据，其账户将被暂停。

### （五）针对仿品或侵犯知识产权的赔款

所有产品均会接受仿品和知识产权侵权审核。如果产品被发现违反了Wish的政策,该产品将会被移除,且所有付款将被暂扣。商户可能将面临每件仿品最高10.00美元的赔款。赔款仅可在其生成后的90个自然日内进行申诉和审批。如果赔款申诉未在其生成后的90个自然日内获批,赔款将不予撤销。

### (六)对核准上架产品处以仿品赔款

在商户更改产品名称、产品描述或产品图片后,经过审批的产品也要再次审核,看其是否为伪造品或是否侵犯了知识产权。在产品复审期间,产品正常销售。如果商户在编辑产品后产品被发现违反Wish政策,该产品将被移除,且所有付款会被暂扣。商户的账户可能面临赔款和/或被暂停交易。

# 参考文献


[1]吴百福,徐小薇,聂清.进出口贸易实务教程[M].8版.上海:格致出版社,2020.

[2]肖旭.跨境电商实务[M].3版.北京:中国人民大学出版社,2020.

[3]刘文广,张晓明.国际贸易实务[M].5版.北京:高等教育出版社,2019.

[4]希尔,霍特.国际商务(第11版)[M].郭羽诞,译.北京:中国人民大学出版社,2019.

[5]黎孝先,石玉川,王健.国际贸易实务[M].6版.北京:对外经济贸易大学出版社,2017.

[6]易静.跨境电商实务操作教程[M].武汉:武汉大学出版社,2017.